科学时代

引领未来的关键技术

［西］阿尔韦特·卡纳格尔（Albert Cañagueral）等著
慕真 闫文驰 译

江苏凤凰科学技术出版社·南京

Authors: Albert Cañagueral and Ricard Regàs
Prologue: Doctor of Engineering Santiago Riera Tuebols
Special Science Article *A Brief History of Relativity* by Professor Stephen Hawking, December 1999 -

江苏省版权局著作权合同登记 图字：10-2022-99

图书在版编目（CIP）数据

科学时代：引领未来的关键技术 /（西）阿尔韦特·卡纳格尔等著；慕真，闫文驰译．— 南京：江苏凤凰科学技术出版社，2022.5
ISBN 978-7-5713-2776-7

Ⅰ．①科… Ⅱ．①阿… ②慕… ③闫… Ⅲ．①科学知识－普及读物 Ⅳ．① Z228

中国版本图书馆 CIP 数据核字 (2022) 第 028534 号

科学时代：引领未来的关键技术

著　　者	[西] 阿尔韦特·卡纳格尔（Albert Cañagueral）等
译　　者	慕　真　闫文驰
责任编辑	沙玲玲　杨嘉庚
责任校对	仲　敏
责任监制	刘文洋
出版发行	江苏凤凰科学技术出版社
出版社地址	南京市湖南路 1 号 A 楼，邮编：210009
出版社网址	http://www.pspress.cn
印　　刷	南京海兴印务有限公司
开　　本	787 mm × 1 092 mm　1/16
印　　张	7
字　　数	100 000
版　　次	2022 年 5 月第 1 版
印　　次	2022 年 5 月第 1 次印刷
标准书号	ISBN 978-7-5713-2776-7
定　　价	49.00 元

图书如有印装质量问题，可随时向我社印务部调换。

HISTORIA DEL SIGLO XX

El siglo de la ciencia

目录

Now Playing
If I Had Eyes
Jack Johnson
Sleep Through the Static
6 of 14
2:20
-1:38
MENU

绪 言

从量子物理学到技性科学

19 世纪末，科学发生了翻天覆地的变化。这一切的一切，都始于 1895 年威廉·康拉德·伦琴发现 X 射线，以及 1897 年约瑟夫·约翰·汤姆孙在剑桥大学著名的卡文迪什实验室里通过实验发现第一种基本粒子——电子。此前，古希腊哲学家德谟克利特于公元前 5 世纪提出原子论，认为万物的本原是原子和虚空，原子是不可再分的物质微粒。而电子的发现让这个 2 000 多年前的理论焕发了新生，新版理论认为：电子是原子的一部分，因此原子就不再是不可分割的了。

1900 年，马克斯·普朗克在研究黑体（能够吸收全部外来电磁辐射的物体）的过程中向科学界宣布，能量是以不连续的形式，即一份一份的形式（量子形式）发射和传播的。这虽是事实，却与当时流行的理论并不相容。虽然这条道路是普朗克发现的，但他自己却是在经典物理学的范式下接受的教育，并没有鼓起勇气继续前行，于是，在量子之路上进一步求索的机会就留给了其他人。

1905 年，阿尔伯特·爱因斯坦发表了物理学领域至关重要的三篇论文。其中第一篇是关于光电效应的，他也因此获得了 1921 年的诺贝尔奖；在第二篇中，爱因斯坦证明了分子和原子的存在；最后，在第三篇论文中，他对所谓的狭义相对论进行了阐释，并于 1915 年补充了相对论的第二部分——广义相对论。

在 20 世纪最初的十几年里，物理学的研究方向发生了过去几个世纪中都不曾出现过的重大转变：一方面，相对论让我们能够提出一些闻所未闻又富有启发性的宇宙理论；另一方面，在经典物理学依然适用于宏观实体世界的同时，诞生了一门新的科学（量子物理学）来解释原子等微粒的微观世界。

在生物学领域，达尔文向我们解释了人类进化的起源，但变异是如何从一个个体传递到另一个个体的，仍然是个未解之谜。也就是说，达尔文凭直觉认为存在一个遗传的过程，但他不知道这个过程具体是什么，也不清楚它的运行机制。1866 年，奥古斯丁会修士格雷戈尔·孟德尔解决了关键性的遗传规律问题，不过他的论文却被搁置在一座门可罗雀的偏僻图书馆里，无人问津。直到 20 世纪初，荷兰生物学家德弗里斯发现了这位被遗忘的修士在遗传学上曾做出的贡献，遗传过程这才成了生物学家们首要关注的焦点，遗传学也继而成为一门值得研究的科学学科。毫不夸张地说，正是达尔文的进化论与现代遗传学的结合产生了如今的新达尔文主义学说。1953 年，克里克和沃森在莫里斯·威尔金斯先前实验研究的基础上，提出了遗传物质DNA（脱氧核糖核酸）分子的双螺旋结构模型。从这一刻起，遗传学的发展直接起飞，不仅补充了人类对遗传机制的认知，在医学领域及文化方面也发挥着至关重要的作用。

然而，第二次世界大战也向我们展示了现代科学消极的一面。当时，两大对立阵营都在加紧一项研究：根据铀原子核在经受中子轰击时会发生裂变（核裂变）的原理来制造原子弹。科学家也好，普通百姓也罢，相信广岛和长崎的余波至今依然令许多人印象深刻。然而事实上，现代科学的负面影响也起到了一些积极作用——它使得科学界开始从伦理学（也就是科学伦理学，有些人更倾向于称其为科学应用领域的伦理学）的角度进行思考。随着时间的推移，科学界的伦理学立场也实现了范围上的拓展和力度上的加强。

20世纪，在一些思想家的努力下，科学的人文主义属性也得到了补充，伊姆雷·拉卡托斯、卡尔·波普尔和托马斯·库恩等学者（这里列举的只是该领域著名人物中的几位而已）对哲学的一个分支——科学哲学进行了阐述，为我们理解什么是科学提供了一种独特、多样化且更为深入的新角度。

在这方面值得注意的是，20世纪下半叶，科学与技术之间日益紧密的关联取代了过去一直存在的二者相互割裂的状况，它们逐渐融合，形成了如今占主导地位的技性科学。法国哲学家雅克·埃吕尔曾说，科学已经成了技术的一个有机组成部分，所以这门学科被称为“技性科学”，而不是颠倒过来。毫无疑问，上述变化影响了所谓的科学中立性，因为如果技术（尤其是实际应用的技术）不是中立的，那么科学和技术二者融合的产物也不可能是中立的。

技性科学为我们带来了计算机和互联网，使人类实现了登月。在技性科学的影响下，技术的发展速度越来越快，为我们的生活提供了各种可能性，尤其是在信息通信领域，有些事情在几年前人们是难以想象的。然而，变化（实际上我们处于一个持续变化的过程中）如此之快，我们人类客观存在的道德和智力的惯有发展水平已经跟不上了，具体表现就是科技进步带来的那些负面影响。世界，也就是我们生存的这个世界，正在恶化。尽管一部分人依然在努力，但他们的力量终究还是有限的，排放到大气中的二氧化碳还是在增加，进而引发了全球变暖，此外还有臭氧层耗竭、海洋污染、各类废弃物聚集、饮用水日益匮乏、大片区域荒漠化、传统能源枯竭以及核电站的风险，这方方面面都是当今世界令人担忧的问题。在上述问题以及人口增长、财富分配不平等的多重影响下，如果我们真的想给子孙后代留下一个更美好的、可持续发展的地球，就必须迅速行动起来，采取紧急措施。21世纪，技性科学这门“人文科学”（请允许我使用这种说法）叩响了我们的大门，属于它的时代已经势不可当地到来了。

科学大事记

20 世纪初，物理学一马当先，取得了一些非常重要的理论进展。随后，在实际应用领域，人们的日常生活用品和工作用具发生了一场真正的变革，而计算机的强势登场又将这场关于便利性的革命推至巅峰。

1900 年

马克斯 · 普朗克揭示了量子理论的基础。

1915 年

阿尔伯特 · 爱因斯坦完成了广义相对论。

1926 年

约翰 · 洛吉 · 贝尔德在英国完成了首次试验性的定期电视广播。

1929 年

埃德温 · 哈勃和米尔顿 · 赫马森提出了哈勃定律，也就是关于宇宙膨胀假说的第一个可观测证据。

1944 年

马克 1 号（Mark I）计算机诞生。这台由美国国际商业机器公司（IBM）资助建造的计算机具备存储和编程功能，建成后同年被捐赠给了哈佛大学。

1900[1]

1905 年

阿尔伯特 · 爱因斯坦发表了狭义相对论。

1925 年

第一批以电力驱动旋转的留声机——电唱机上市发售。

1928 年

亚历山大 · 弗莱明发现了青霉素，这也是人类发现的第一种医学上常用的抗生素。

1942 年 12 月 2 日

费米领导研发的世界上第一座核反应堆在芝加哥大学建成。

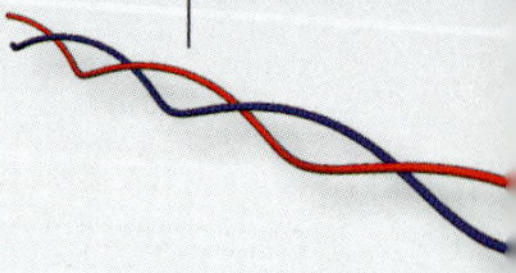

1953 年 4 月 25 日

詹姆斯 · 沃森和弗朗西斯 · 克里克公布了 DNA 的双螺旋结构模型。

[1] 这里时间轴上的时间节点仅指示先后顺序，各节点之间并非严格按比例绘制。——译注（如无特殊标注，文中注释皆为译注）

1961 年 4 月 12 日
尤里 · 加加林成为进入太空的第一人。

1969 年 7 月 20 日
阿波罗 11 号成功抵达目的地，这是人类首次登陆月球。

1973 年 9 月 8 日
人类历史上第一台个人计算机 MCM/70 诞生[1]。

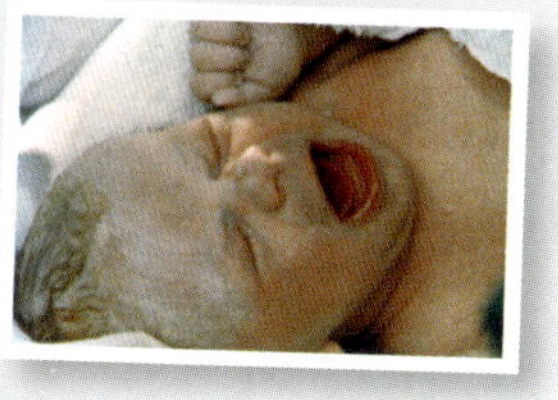

1978 年 7 月 25 日
第一例试管婴儿（名唤路易丝·布朗，女孩）降生，体外受精技术成为现实。

1987 年
第一种应用科学手段培育的转基因食品——转基因番茄培育成功。

1995 年
万维网成了为互联网用户服务的关键访问工具。

1995 年
人们发布了 MP3 数字音乐文件格式标准，并在 1998 年推出了 MP3 播放器。

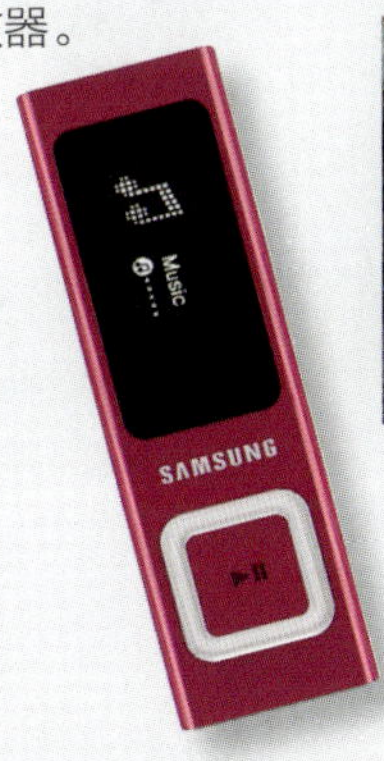

1997 年 2 月 27 日
绵羊“多莉”的克隆细节正式公布。

1998 年 11 月 20 日
国际空间站的第一个模块发射成功。

2000

2000 年 6 月 26 日
中国、美国、英国、日本、德国、法国六国宣布人类基因组工作草图绘制完成。

[1] 关于人类历史上第一台个人计算机的认定尚存在一些争议。

代表人物

弗洛伊德

1856—1939

西格蒙德·弗洛伊德，奥地利心理学家，精神分析治疗技术的鼻祖。他创立的精神分析学派随后衍生出多个致力于解决心理冲突的新学派。

普朗克

1858—1947

德国物理学家，因发现能量量子化而获得1918年的诺贝尔物理学奖。

爱因斯坦

1879—1955

美籍犹太裔物理学家，以其提出的相对论和多项重大科学突破闻名于世。

弗莱明

1881—1955

英国细菌学家亚历山大·弗莱明把医学带进了抗生素时代。青霉素的发现让20世纪初期人们还束手无策的几种疾病再也不会无药可医。

哈勃

1889—1953

埃德温·哈勃，美国天文学家。在哈勃诸多意义重大的贡献之中，他的一系列观测成果为宇宙膨胀理论奠定了基础。

保罗·伯格

生于1926年

美国生物化学家，重组DNA技术研究的先驱。因在重组DNA领域做出的贡献，伯格被授予1980年的诺贝尔化学奖。他的研究成果在基因工程领域影响深远。

霍金

1942—2018

英国理论物理学家、宇宙学家，在关于黑洞以及宇宙运行法则的研究上做出了重要贡献。此外，霍金在他一直致力耕耘的科普事业上也收获了巨大的成功。

威尔穆特

生于 1944 年

伊恩 · 威尔穆特，英国生物学家、遗传学家，他领导的研究小组用成年体细胞培育出了世界上第一只克隆哺乳动物——绵羊多莉。多莉的诞生是一个伟大的科学事件，甚至在伦理学上引发了重大争论。

盖茨

生于 1955 年

比尔 · 盖茨创立的微软公司在个人计算机软件市场上占据着主导地位，他也因此跻身世界上最有钱的富豪之列。

乔布斯

1955—2011

乔布斯是苹果公司的联合创始人。如果你想弄清楚 20 世纪末计算机和消费类电子产品是如何普及的，苹果公司是一个绕不开的名字。

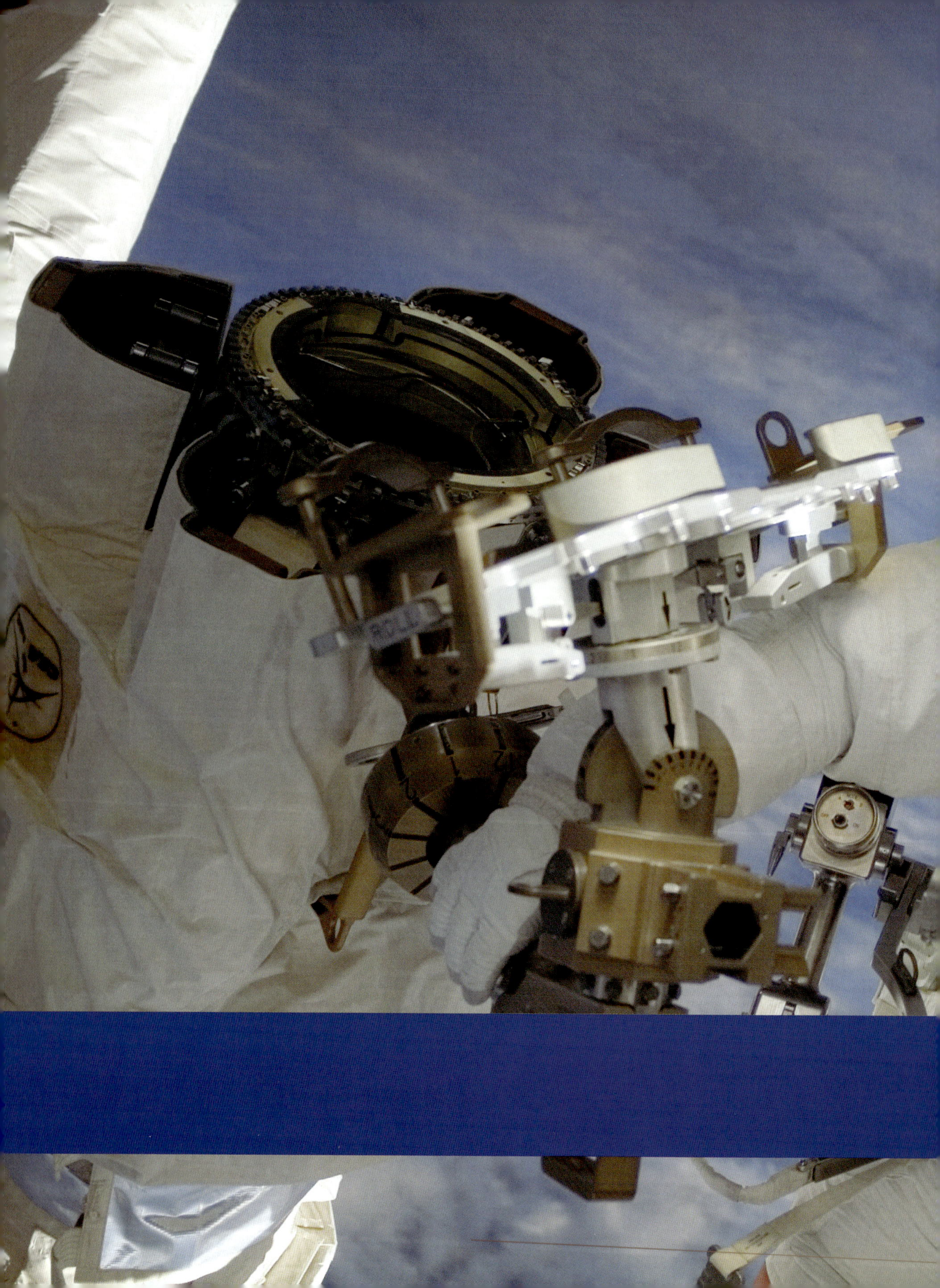

人类进驻宇宙

上图 《时代周刊》在封面上发问：“有人在那儿吗？”这意指当时天文学领域的一些新进展。

第 12—13 页图 美国航天员克莱·安德森在国际空间站工作时向摄影机挥手致意。

过去，人类一直想弄清楚在宇宙初生、一切开始之时都发生了什么。于是为了拨开迷雾，先辈们在接近真相的道路上不断尝试，不曾犹疑。正是意大利学者伽利略·伽利雷（1564—1642）为现代科学铺平了道路，1609 年，他将荷兰人汉斯·利伯希（1570—1619）发明的普通望远镜改造成了能够用来观测天体的折射望远镜。就在同一年，德国天文学家约翰内斯·开普勒（1571—1630）在《新天文学》一书中提出了行星运动三大定律的前两个。1668 年，英国物理学家、数学家艾萨克·牛顿（1643—1727）发明了第一台反射望远镜，而他在经典光学领域的成果（用玻璃棱镜研究白光也就是太阳光的性质）和经典力学领域的成果（提出牛顿运动三大定律和万有引力定律），奠定了现代科学的基础。不仅如此，牛顿还对纯粹数学（pure mathematics）领域的微积分进行了阐述。到了 20 世纪的第二个十年，阿尔伯特·爱因斯坦就已经用广义相对论和它的两个基本预言推翻了牛顿构造的世界体系：预言之一是物体的质量会使其周围的时空发生弯曲；另一个是所谓的参考系拖曳效应，即处于转动状态的大质量物体会对其周围的时空参考系产生拖曳，例如地球在自转时会拖曳着周围的时空旋转而使其产生弯曲。随后不久，如今人们接受程度最高的宇宙学理论——“大爆炸”理论诞生，自此，人类开始将宇宙视作一个不断膨胀的整体。

爱因斯坦从根本上颠覆了牛顿的宇宙观，尤其是在与万有引力相关的方面。1915年，爱因斯坦发现物质能使其所在的四维时空产生弯曲，于是他将狭义相对论的方程进行了扩充，使其适用于受引力影响的现实世界，从而实现了物质、空间和时间三者的统一。自此，可以认为引力和物体穿过时空的加速度在概念上和数学上都是等效的，这个等效性原理随后成为广义相对论的基石。

相对论启蒙

广义相对论中有一个基本事实：物质决定了其所在时空的几何形态。举例来说，地球绕太阳所做的变速运动（任何物体只要运动方向发生变化，无论它是否保持速度大小恒定不变，就都可以被视为受到了加速度的影响，在做变速运动）并非如牛顿所认为的那样，是因为地球在绕太阳公转时受到引力作用，而是像爱因斯坦所解释的那样，是因为太阳周围的时空产生了弯曲。同样，大到月球，小到网球，都会受到地球引起的时空弯曲的影响，从而沿着近似圆形的轨道运动。只是月球在这种影响下产生的偏转幅度不是很大，因此它依然围绕地球公转而不会停歇。但对网球来说，这种偏转的幅度就非常大了，所以它才落回了地球的表面。

1919年，在天文学家阿瑟·爱丁顿的带领下，两支英国科学考察队分别前往巴西北部的索布拉尔和非洲西部的普林西比岛，对当年5月29日的日食进行了观测。两支队伍均拍摄了当地日食的照片，并各自使用高精度设备进行了测量，证明星光确实在太阳周围发生了弯曲。爱丁顿以这种方式成功证实了爱因斯坦的预言，即便表面上看来他这个结论下得的确有些仓促。同年11月6日，在1906年诺贝尔物理学奖得主、英国科学

右页图　1998年，在哈勃空间望远镜历时8年的太空探索所拍摄到的图像里，人们选出的最具标志性的一组。

“想象力比知识更重要。因为知识是有限的，而想象力概括着世界上的一切。”

——1929年，阿尔伯特·爱因斯坦在接受菲尔埃克采访时如是说

家汤姆孙的主持下，英国皇家学会和皇家天文学会举行了一次联合会议，宣布爱因斯坦的广义相对论经受住了实践的检验。第二天，伦敦《泰晤士报》以头版头条发布了相关报道，题为“科学的革命——宇宙新理论，牛顿的思想被摈弃了”。

可惜那时候爱因斯坦和大多数物理学家一样，相信宇宙是静止不变的，这使他没能再向前一步，发现宇宙实际上是动态的、不断膨胀的。后来，爱因斯坦说：“这是我一生中最大的错误。”其实在他的场方程中，爱因斯坦已经考虑了宇宙膨胀或收缩的可能性，但他最终决定修改方程，新增加了一项，引进宇宙学原理[1]。根据宇宙学原理，“两个相邻的观察者以不同的速度做相对运动时，他们测得的时间和空间将是不同的量值”。而本质上，球面是没有中心的。1917年前后，形成了两种基于爱因斯坦场方程的宇宙模型：一种由爱因斯坦自己提出，认为宇宙是一个充满了物质的静态空间；另一种由荷兰天文学家威廉·德西特提出，认为宇宙是一个没有物质的、不断膨胀的空间。

20世纪20年代，苏联气象学家亚历山大·弗里德曼和比利时天文学家乔治·勒梅特在互不知晓的情况下分别计算出了爱因斯坦场方程的解，均得出了宇宙可能正在膨胀的结论。1931年，后来被称为“大爆炸理论之父”的勒梅特提出了一个观点，认为宇宙起源于一种致密的物质状态——原初原子。不过，确认宇宙膨胀这件事还要归功于美国天文学家埃德温·哈勃。1929年，哈勃发现似乎所有星系都在远离我们，而且远离的速度与星系和我们的距离成正比（离我们越远的星系，远离的速度就越快）。于是哈勃推断，宇宙正在膨胀，并且每个星系都在彼此远离。他还公布了一种衡量宇宙膨胀速度的指标，也就是我们说的哈勃常数。

关于大爆炸的各种猜想

大爆炸理论的现代版本，是在美国物理学家乔治·伽莫夫对早期宇宙的研究过程中逐渐形成的。伽莫夫和他的两位同事拉尔夫·阿尔弗、罗伯特·赫尔曼一起得出了结论：大爆炸的余热源自氢原子核，这种余热至今应该依然存在。他推断，这种热量与恒星发出的热量不同，它无处可去，因为宇宙之外什么都没有。1964年，美国电话电报公司贝尔实验室的两名射电天文学家阿诺·彭齐亚斯和罗伯特·威尔逊在调查无线电接收器上出现的噪声来源时，偶然间发现了背景辐射的存在，这正是伽莫夫、阿尔弗和赫尔曼所预测的大爆炸的余热，人们将其命名为“宇宙背景辐射”。自被人类发现以来，宇宙背景辐射就在我们理解宇宙及其初始形态的

[1] 指宇宙在大尺度上是均匀的、各向同性的。

道路上发挥着（并将继续发挥）至关重要的作用。

根据标准模型测算，大爆炸发生在大约137亿年前。大爆炸之后38万年左右，由大爆炸产生的余热因为宇宙的膨胀而开始冷却，然后与在宇宙中做自由运动的其余粒子分离。20世纪90年代初，美国国家航空航天局（NASA）发射的宇宙背景探测器（COBE）上搭载的两台仪器证明，宇宙背景辐射来自很久很久以前致密、炽热的宇宙，并首次建立了宇宙背景辐射的各向异性（天空中两个方向之间的差异）与宇宙大尺度结构之间的联系。宇宙背景辐射就像是大爆炸的回声。2003年，科学家们绘制了第一张详细的宇宙背景辐射图，不但支持了暴胀宇宙模型（宇宙在大爆炸发生后一段极短的时间里以极快的速度膨胀），而且为研究第一代恒星的形成时间提供了线索。至于宇宙的组成，我们已经可以确定，其中大约5%是普通物质，约27%是暗物质，而其余68%则是暗能量。

英国理论物理学家斯蒂芬·霍金从20世纪60年代起投身于宇宙学研究。当时，英国物理学家彼得·希格斯提到了一种与大爆炸几乎同时出现的粒子，并认为是这种粒子赋予了其他粒子质量。这种理论中的粒子被称为希格斯玻色子，有时也被通俗地称为"上帝粒子"。希格斯玻色子现在仍属于大型粒子加速器极力想发现的那一小部分物质的范畴[1]。1971年霍金提出，在大爆炸之后立即形成了不计其数的叫作微型黑洞的物体。这些微型黑洞可能一共只占据了一颗质子那么大的空间，质量却有数十亿吨，这就会生成一系列遵从广义相对论原理（适用于超大尺度的理论，用于解释行星、恒星、星系的行为及它们之间引力的相互作用）的巨大引力场。1974年，霍金又根据量子力学的预测提出，黑洞会发射亚原子粒子，直至它们能量耗尽并最终爆发。

黑洞永不停歇地吞噬着一切过于接近它的东西，连光也无法逃脱。如果说黑洞是一个奇点，那么其极大的引力产生的无穷大的时空曲率就好比形成了一口井，任何东西都无法从中逃脱；而大爆炸则正好相反，它也是一个奇点，但这个奇点生成了世间万物。通过计算机模拟和望远镜观测，我们可以了解黑洞在宇宙中产生的影响，但只有通过引力波探测器，我们才能够获得对黑洞的直接观测结果。通过这种观测，天文学家们能够推断出黑洞、中子星的各种物理特性，甚至可以发现恒星爆炸和大爆炸的回响。自20世纪80年代起，一些物理学家开始在圈量子宇宙学领域开展研究，为宇宙起源的另一种可能性开辟了道路，即我们的宇宙可能是

[1] 在本书中文版出版时，希格斯玻色子已被发现。

世纪见证人

巴兹·奥尔德林

巴兹·奥尔德林是一名美国航天员，1930 年 1 月出生于新泽西州。1969 年 7 月 20 日，奥尔德林成为继他的同事尼尔·阿姆斯特朗之后第二位登陆月球的航天员。在他们忙着登月的时候，这次任务的第三位航天员迈克尔·柯林斯留在了绕月轨道上，独自操控着哥伦比亚号指令舱。在那次月球漫步 40 年后，奥尔德林撰写了自传《壮丽的荒凉：从月球回家的漫长旅程》。

翻看巴兹·奥尔德林的服役记录，你会发现他的经历都与高空飞行有关。他的父亲是传奇飞行员查尔斯·林德伯格的好朋友，所以很小的时候奥尔德林就在父亲的灌输下树立了成为一名飞行员的志向。长大以后，奥尔德林从西点军校毕业，在韩国执行了 60 多次战斗任务，最终加入了美国国家航空航天局。执行阿波罗 11 号任务时，奥尔德林进入美国国家航空航天局还不到 6 年。这次任务的大致过程是这样的：先是土星 5 号运载火箭升空，然后哥伦比亚号指令舱与土星 5 号分离并进入月球轨道，最后鹰号登月舱与指令舱分离并降落到月球上，阿姆斯特朗和奥尔德林先后走下登月舱，踏上了那片被称作“静海”（Mare Tranquilitatis）的月面，奥尔德林称其为“壮丽的荒凉”。在那时，阿姆斯特朗竖起拇指挡住了遥远的地球，说道：“这是我个人的一小步，但却是人类的一大步。”

“我只是在对的时间出现在了对的地点，仅此而已。”每当被问及他登陆月球的丰功伟绩时，奥尔德林总是先回复这句话。关于当时的感受，他是这样描述的：“当我们到达月球时，可以说我的视野并不是太宽广，我的注意力只集中在我必须要完成的任务以及可能出现的问题上。”仿佛登月对他来说只是一件简单的事而已。

“如果我们登上了月球，那可不是为了研究月球或收集月球的土壤样本，而是为了在太空竞赛中赶超那些苏联人……”

1969 年 7 月 24 日，返回舱安全降落在了太平洋上。而在着陆后如何回归到正常生活的问题上，情况却变得复杂起来。3 年后，奥尔德林离开了美国国家航空航天局，陷入了情绪低落和酗酒的状态，一直浑浑噩噩到 1978 年。关于航天员这个职业，奥尔德林明确表示："航天员要勇于迎接更高、更快、更远的飞行挑战……是公认的能够担负起重要任务的先驱。"在成为科幻小说家后，奥尔德林也直言不讳："如果我们登上了月球，那可不是为了研究月球或收集月球的土壤样本，而是为了在太空竞赛中赶超那些苏联人。其余的一切都要往后排。"

上图　登月任务结束后，仍在隔离期中的奥尔德林与他的妻子通电话，摄于 1969 年 7 月 27 日。

从另一个先前存在过的宇宙中孕育而生的。

斯蒂芬·霍金并不认同大爆炸之前就有东西存在的观点。他认为，这就像问南极以南有什么一样荒谬。霍金还指出："既然连万有引力那样的定律也能存在，那么宇宙从虚无中自生也不算什么，而实际上也是如此。宇宙的自生性既是事物得以存在的原因，也是宇宙得以存在、我们得以存在的原因。"关于宇宙的起源，他这样说道："在广义相对论中，宇宙的开端必定是一个密度无穷大、时空曲率无穷大的奇点。在这种情况下，所有我们已知的物理定律都将不再适用……我们对宇宙研究得越多，就越发现它绝不是毫无规律、恣意妄为的，而是在不同的场中遵循着某些明确的定律。我们有理由相信确实存在宇宙的大统一原理，我们已知的这些定律都只是某个更高阶定律的一部分而已。"

全人类共同探索太空

人类之所以能够开展天文观测，要得益于高灵敏度仪器的快速发展，这些仪器对辐射的探测能力实现了全波段（从无线电波到 X 射线、γ 射线）覆盖，带动宇宙学观测进入了高精度时代。1990 年 4 月，哈勃空间望远镜发射升空。这台功能强大的望远镜身处太空，能够免受地球大气造成的成像畸变的影响，为我们提供各种高质量的宇宙图像。哈勃空间望远镜不但可以探测黑洞、星系碰撞、系外行星，还能够对包括遥远的类星体在内的其他各种天体进行清晰的观测。

除了天文观测，人类也在身体力行地开展对太空的探索。1969 年，火箭专家冯・布劳恩（第二次世界大战期间，他参与了德国 V-1 飞航导弹的研发并成为 V-2 弹道导弹的总设计师）设计的土星 5 号运载火箭搭载着 3 名航天员——尼尔・阿姆斯特朗、巴兹・奥尔德林和迈克尔・柯林斯，从美国卡纳维拉尔角升空。随后在 7 月 20 日，人类终于实现了登月这一伟大梦想。但其实，太空竞赛早就开始了。先是 1957 年 10 月 4 日，苏联人造卫星斯普特尼克 1 号发射升空，同年 11 月 3 日，斯普特尼克 2 号紧随其后，搭载着一条名叫莱卡的雌狗进入了太空，莱卡也成了第一个进入太空的地球生物。直到阿波罗 11 号完成登月之前，在太空探索上都是苏联占据着上风：1961 年 4 月 12 日，尤里・加加林穿着特制的航天服升空，成为进入太空的第一人；1965 年 3 月 18 日，阿列克谢・列昂诺夫在宇宙飞船外（系着安全绳）走了十几分钟，完成了人类历史上第一次太空行走。就这样，在冷战的背景下，太空也成了地缘政治的必争之地。而美国航天员尼尔・阿姆斯特朗穿着美国国家航空航天局专门为该任务定制的航天服登上月球，则开启了两个超级大国在争夺太空霸权方面的新一轮对抗。

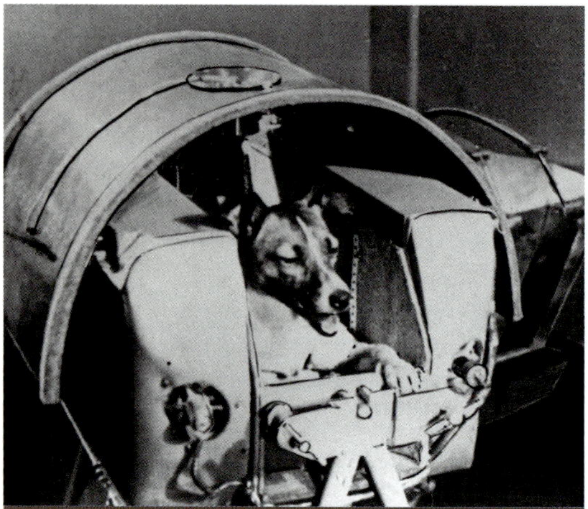

“太空狗”

1957 年 11 月 3 日，一条名为“莱卡”的狗被送入太空，成为第一个进入太空的地球生物。在升空后不久，它死于卫星的热控制故障。

继火箭进入太空之后，航天飞机和探测目标是其他行星的空间探测器也紧跟着纷纷升空。1981 年 4 月 12 日，美国国家航空航天局发射了人类第一架在太空和地面间往返的航天飞机哥伦比亚号。冷战结束后，美国和俄罗斯尝试合作，为各国联合开展太空研究奠定了基础。国际空间站项目就是国际太空合作的一个范例，这个项目除了美国和俄罗斯以外，加拿大、日本和欧洲多国也参与了进来。在美俄双方的共同努力下，国际空间站的第一个模块于 1998 年 11 月成功升空。

右图　国际空间站的复刻模型。

世纪见证人

詹姆斯 · 洛夫洛克

地球是个生命体。

1969 年，英国科学家詹姆斯 · 洛夫洛克（生于 1919 年）提出了震惊科学界的“盖娅假说”，在这个假说中，他把地球比作一个生命体，地球上栖息的各种生物始终在与环境相互作用，以维持适合生物存在的地球环境状态。随着时间的流逝，盖娅假说逐渐演化为一种理论，该理论认为地球是一个由地球上的所有生命共同构成的、在进化过程中统一起来的、可以自我调节的系统。这个系统的目的是对地球表面的环境进行调节，使其更适宜生命的发展。此外，洛夫洛克还是一位发明家，他发明了电子捕获检测器（electron capture detector）——正是这个装置让我们知道杀虫剂的残留已经遍及全球各个角落。他的这项发明还帮助人们在海洋中检测到了氟氯化碳（危害大气平衡的元凶之一）。作为世界级的环境科学宗师，他大声疾呼，认为全球变暖和气候变化已经是大势所趋，避无可避，只有发展核能才能延缓气候变化对人类文明的危害。

上图　科学家詹姆斯 · 洛夫洛克在实验室中。

美国国家航空航天局

在苏联发射了人类历史上第一颗人造卫星斯普特尼克 1 号后，美国总统艾森豪威尔决定启动一项太空计划与之抗衡。于是 1958 年，美国国家航空航天局正式成立。纵观美国国家航空航天局的历史，不难发现它的工作重心一直放在载人航天任务上，为此倾注了大量资源。此外，无人的太空探索项目也逐渐受到重视，预算在逐渐向该方向倾斜。在 20 世纪美国国家航空航天局取得的巨大成就中，最为突出的就是人类登陆月球、制造航天飞机，以及探索火星表面。

阿波罗 11 号登陆月球

1969 年，随着航天员成功抵达月球，阿波罗计划的目标圆满完成。阿波罗 11 号任务是人类载人登月的首次实现，但并非唯一的一次，其后阿波罗 12 号、阿波罗 14 号、阿波罗 15 号、阿波罗 16 号和阿波罗 17 号任务搭载的航天员们也都成功登上了月球。

阿波罗－联盟号实验计划

1975 年，阿波罗 18 号（美国）和联盟 19 号（苏联）在太空中完成了对接，这是历史上第一次由两个国家合作的载人航天任务。

航天飞机

20 世纪 70 年代制造成功的航天飞机也是一个伟大的里程碑，航天飞机是一种能在太空中执行多个任务的、可重复使用的航天运载器。

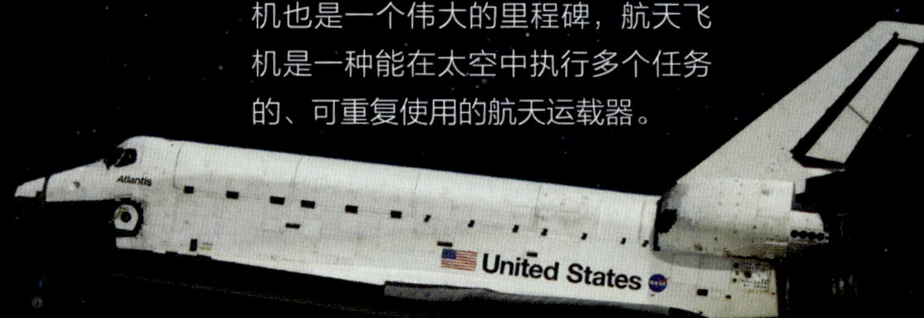

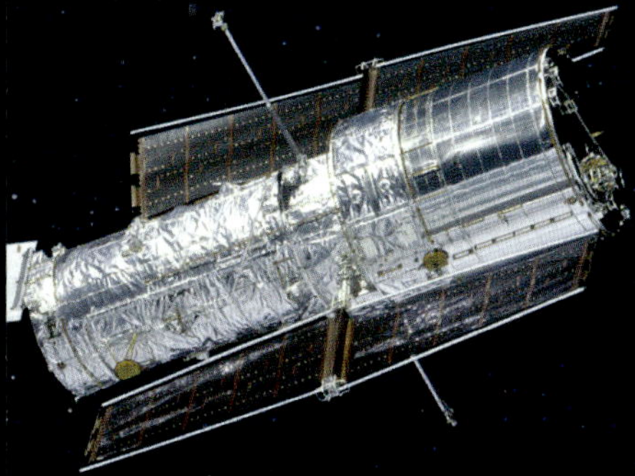

哈勃空间望远镜

哈勃空间望远镜由美国国家航空航天局和欧洲空间局（ESA）合作开发，于1990年由发现者号航天飞机送入轨道。它不仅提高了图像质量，还大大扩展了对太空的图像捕获范围，使人类在太空中的视野跃上了一个新台阶。

美国国家航空航天局载人航天计划

名称	目标
水星计划	研究如何在太空生存
双子载人卫星计划	在太空中实现飞船之间的对接
阿波罗计划	登陆月球
天空实验室计划	建立第一个空间站
阿波罗-联盟号实验计划	在太空中实现阿波罗飞船（美国）和联盟号飞船（苏联）的密封舱对接
航天飞机计划	根据不同太空任务的需求制造合适的航天器

天空实验室

天空实验室是美国第一个绕地球轨道运行的、可供航天员生活居住的空间平台，于1973年入轨运行，比国际空间站还要早。

▲爱德华·怀特

太空主角们

约翰·格伦

美国第一位完成轨道飞行的航天员。

哈姆

第一只进行太空旅行的黑猩猩。

尼尔·阿姆斯特朗

第一位登上月球的航天员。

艾伦·谢泼德

美国第一位进入太空的航天员。

萨莉·赖德

美国第一位搭乘航天飞机进入太空的女性航天员。

爱德华·怀特

美国第一位出舱进行太空行走的航天员。

尼尔·阿姆斯特朗 ▶

1958 年 探险者1号是美国发射的第一颗人造卫星，由美国国家航空航天局出资建造。

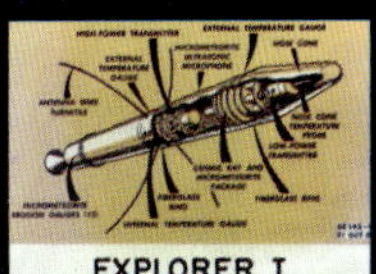

1962 年 水手2号探测器到达金星附近并回传科学数据。

1965 年 水手4号探测器飞越火星并回传火星表面的照片。

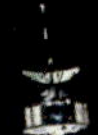

1969 年 阿波罗11号载人登月任务圆满成功。

1972 年 先驱者10号探测器发射升空，它是第一艘近距离观测木星的飞行器。

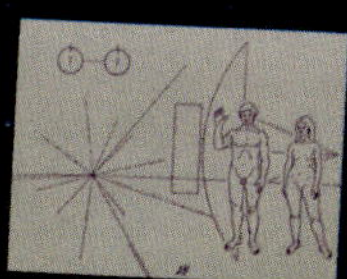

1973 年 天空实验室发射升空，这是美国第一个试验性空间站。

1975 年 阿波罗18号与联盟19号成功对接，这也是首次国际合作的载人航天任务。

1976 年 海盗1号和海盗2号探测器成功登陆火星。

1979 年 先驱者11号探测器到达土星附近并回传近距离拍摄的土星照片。

1981 年 哥伦比亚号航天飞机首次执行任务，这是美国第一架正式服役的航天飞机。

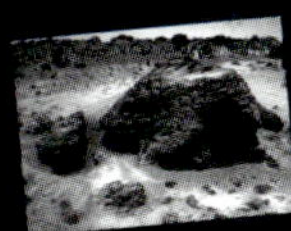

1997 年 火星探路者号探测器登陆火星并对火星的地表特征进行分析。

1998 年 国际空间站首个模块成功发射。

20 世纪的标志性图像

登 月

尼尔·阿姆斯特朗摄于 1969 年

左页这张照片记录的是 1969 年 7 月 20 日人类首次登上月球时的珍贵瞬间，照片中的人物是执行阿波罗 11 号任务的航天员巴兹・奥尔德林。那一天，尼尔・阿姆斯特朗第一个登上月球，随后，奥尔德林成为第二位踏足月球表面的航天员。在奥尔德林头盔面罩

铭记

阿波罗 11 号任务在历史上还留下了其他印记。这张奥尔德林的靴印（并不是他踩下的第一个靴印，只是其中一个而已）象征着人类的一个梦想实现了，而这张插在月球上的旗帜的照片，则代表了美国在当时的太空竞赛中取得了胜利。

反射出的画面中，我们可以看到鹰号登月舱的机械臂以及正在拍摄这张照片的阿姆斯特朗。为了保证胶卷不在月球的环境条件下受损，科研人员对拍摄使用的哈苏 500EL 型相机进行了特殊改装。当然，人类首次登月这样重要的时刻怎会只有区区一张快照，这只是其中最出名的一张。很快，这张名为“登月”的照片声名远播，还登上了《时代周刊》等权威杂志的封面。它已经变成了一张具有标志性意义的照片：它是冷战背景下太空竞赛的象征，它也同样是在人类冲破了无法想象的认知藩篱、科学向早前只能通过观测来研究的太空发力并取得了一定成果的背景下，20 世纪科学最终腾飞的象征。美国国家航空航天局曾六度登上月球，继阿波罗 11 号任务完成后，阿波罗 12 号、阿波罗 14 号、阿波罗 15 号、阿波罗 16 号和阿波罗 17 号任务也都成功实现了载人飞船登月，但却再也没有哪张照片能像这张记录了人类第一次登月之旅（由巴兹・奥尔德林、尼尔・阿姆斯特朗和迈克尔・柯林斯共同完成）的照片那样，如此地深入人心。

如果细心观察，你一定会疑惑：为什么阿波罗 11 号任务的第三名航天员迈克尔・柯林斯从未出现在任何一张照片中？这是因为在这场宇宙大探险中，分配给柯林斯的任务是最出力不讨好的——当他的两位同事牢牢吸引了媒体的注意力并在月球表面踩下第一串人类足迹的时候，柯林斯一个人留在了绕月运行的哥伦比亚号指令舱上。其实在那个伟大时刻，不仅是柯林斯，连这台指令舱也没有留下哪怕一张照片。

《相对论简史》

斯蒂芬·霍金，发表于1999年

《时代周刊》在1999年12月31日的杂志封面上，将阿尔伯特·爱因斯坦选为“世纪伟人”。为了给这次评选结果增光添彩，《时代周刊》发表了斯蒂芬·霍金的一篇文章，专门从科学的角度介绍了爱因斯坦对人类知识进步做出的巨大贡献。

19世纪末，科学家们一度认为，他们只消再前进一小步，就能完整地描述宇宙了。在他们的想象中，宇宙空间充满了一种叫作“以太”的连续介质，就好比声音是空气中的压强波一样，光线和无线电信号也是以太中的波。他们认为，这个理论离完成只差最后一步——对以太的弹性性质进行仔细测量，只要弄清了以太的性质，一切将会迎刃而解。

然而没过多久，就开始出现与“以太无所不在”相异的观点。根据以太理论，光线在以太中的传播速度应该是一个固定值。因此，如果沿着与光线传播相同的方向行进，所测量到的光速应比这个固定值（在静止时测量到的光速）低；反之，如果沿着与光线传播相反的方向行进，所测量到的光速应比这个固定值高。这也就是说，观测者测得的光速会因为其相对光源的运动而改变。但是，当时所做的一系列实验都没能找到证据来支持这个观点。

在这些实验中，最准确细致的要数1887年的一场实验。这场实验由阿尔伯特·迈克耳孙和爱德华·莫雷在美国俄亥俄州克利夫兰市凯斯西储大学完成，他们对两束互相垂直的光线的传播速度进行了对比。他们曾认为，由于地球在绕着地轴自转的同时也围绕太阳公转，所以地球自然应该是在以太中穿行的，而且地球的运动会使两束互相垂直的光线的传播速度产生差异。然而，在进行实验时，迈克耳孙和莫雷却发现，不仅每日观测到的光速没有差异，按年累计的观测结果也未显示出这两束光线的传播速度有什么不同。好像无论你怎样运动，光线相对于你总是以同样的速度传播。

斯蒂芬·霍金是 20 世纪和 21 世纪杰出的科学家之一。他发表的关于宇宙遵循的基本定律的研究成果，对整个社会产生了巨大的影响。

爱尔兰物理学家乔治·斐兹杰惹和荷兰物理学家亨德里克·洛伦兹率先提出，在以太中运动时，物体会收缩，时钟会变慢。当时，斐兹杰惹和洛伦兹都认为以太是一种真实存在的物质，是长度收缩和时间变慢的效应使得无论观测者在以太中以何种方式运动，他们测量到的光速都会是一样的。

最终，位于伯尔尼的瑞士专利局的一位年轻职员阿尔伯特·爱因斯坦彻底消灭了“以太”这个概念，并解决了光线传播速度的问题。1905年6月，爱因斯坦撰写了一篇论文，这也是为他后来跻身世界顶尖科学家奠定基础的几篇论文之一。而且，爱因斯坦这几篇论文的发表还引发了两次观念革命，改变了我们对时间、空间和现实世界的认知。

在1905年的那篇论文中，爱因斯坦提出，由于你无法探测自己是否在以太中运动，所以，以太的概念根本就是多余的。因此，他的出发点是假设科学定律对所有做自由运动的观测者都是一样的。具体而言，就是无论观测者如何运动，他们都应该测量到相同的光速。

爱因斯坦的这个观点要求人们摒弃“时间具有通用的量值，所有时钟测量的时间都相同”这样的概念。相反，每个人都会有他自己的时间测度：如果两个人是相对静止的，那么他们观测到的时间就是一致的；如果他们之间存在相对运动，那么他们观测到的时间就是不同的。大量实验已经证实了这一点，其中一个实验是这样设计的：观测者携带一个极其精确的计时器绕着地球飞行一圈，然后将所记录的数据与安置在固定地点的另一个同款计时器记录的数据相对比，结果两台计时器测得的时间确实有差异。结论就是，如果你想活得更久些，你可以乘飞机一直向东飞行，这样飞机的航速可以叠加地球自转的速度，帮你获得些许时间。但事实上，为了使生命延长零点零零几秒而一直吃飞机餐可有点不划算。

爱因斯坦认为，对所有做自由运动的观测者来说，自然定律都应该是一样的。这条假设是相对论的基础，因为它意味着只有相对运动才是重要的。虽然相对论的优美与简洁折服了一众科学家和哲学家，但依然有很多人持相反观点。爱因斯坦摒弃了19世纪自然科学的两条绝对真理：以太思想代表的绝对静止观点，以及所有时钟均可测得一致的绝对时间的观点。人们不由得疑惑：相对论是否意味着任何事物都是相对的，而不存在什么绝对的道德标准了呢?

这种不安一直持续到20世纪的二三十年代，以至于在1921年，由于相对论在当时争议过大，诺贝尔奖委员会在授予爱因斯坦诺贝尔物理学奖时对此只字未提，只说这是为了表彰他在1905年发表的另一篇重要论文——相对于爱因斯坦的其他成就，获诺贝尔奖的这篇论文（关于光电效应的研究）实在算不上是什么重要成果。直到现在，我每周仍然会收到那么两三封信，对我说爱因斯坦错了。然而时至今日，科学界已经完全接受了相对论，相对论做出的预测也已经在无数的应用中得到了验证。

相对论的一个非常重要的结论是它解释了质量与能量之间的关系。根据爱因斯坦的假设，光速对所有的观测者来说都是相同的，这意味着不存在能够超过光速运行的事物。展开来说就是，如果我们用能量来加速粒子或航天器，被加速物体的质量就会增大，从而使得进一步加速变得更加困难。所以，把粒子加速到光速是不可能的，因为那需要无限大的能量。爱因斯坦著名的质能方程 $E = mc^2$ 总结了质量与能量的等价关系，这或许是唯一一个大众熟知的物理方程。

上图 阿尔伯特·爱因斯坦，这张著名的照片摄于 1930 年。

质能方程还有很多结论，其中之一是铀原子核在裂变成两个总质量稍小的原子核时，会释放巨大的能量。1939 年，国际形势阴云密布，第二次世界大战一触即发，一些科学家意识到这种核裂变将会产生怎样的影响。于是，他们说服了爱因斯坦，让他放下作为和平主义者的顾虑，去给当时的美国总统罗斯福写信，敦促美国启动核研究计划，这才有了曼哈顿计划以及后来（1945 年）在广岛上空爆炸的那颗原子弹。有人将原子弹之罪归咎于爱因斯坦，理由是他发现了质量与能量之间的关系，可这就像把飞机失事的责任归咎于牛顿，理由是他发现了万有引力定律一样，纯属无稽之谈。实际上，爱因斯坦非但没有参与曼哈顿计划，还被原子弹的爆炸吓得够呛。

尽管相对论与在电磁学领域占主导地位的一系列定律非常吻合，但它与牛顿的万有引力定律并不相容。根据万有引力定律，如果空间中某一区域的物质分布发生了变化，那么在宇宙中任意一点都能瞬间感受到引力场的变化。

这不仅意味着信号能以比光速更快的速度传播（这在相对论中是不可能实现的），而且还需要绝对时间的概念作为支撑，这又是相对论所摒弃的概念。相对论认为时间是相对的，每个人都有不同的时间测度。

爱因斯坦 1907 年就意识到了这个不相容的问题，当时他还在伯尔尼的瑞士专利局工作，但直到 1911 年去布拉格查理大学任职后，他才开始认真思考这个问题。爱因斯坦意识到加速度与引力场之间存在密切的关系，但在封闭箱体中的人无法区分他自己是在地球引力场中处于静止状态，还是在自由空间中处于被火箭加速推进的状态。这些思考都发生在科幻电影《星际迷航》风靡全球之前，所以那时候爱因斯坦考虑的是人处于电梯之中的情况，而不是在航天器上。但其实电梯的运行范围有限，在电梯厢里无论是做自由落体运动还是其他加速运动，迟早都要出事。

如果地球是平坦的，那么既可以说是苹果受重力的影响落在了牛顿的头上，也可以等效地说是因为牛顿跟随地球表面一起做向上的加速运动才使他的头撞上了苹果。但地球显然是个球体，加速度与重力之间的这种等效关系不成立。因为如果等效关系成立，处在地球另一面的人们将不得不朝相反的方向加速前进，但实际上他们却和我们之间保持着一个恒定不变的距离。

1912 年返回苏黎世后，爱因斯坦来了灵感。他意识到，如果将现实的几何学稍做调整，引力与加速度的等效关系就可以成立。于是，爱因斯坦在我们已知的三维空间中引入了第四个维度——时间，提出了时空的概念。如果时空像假设的那样并不平坦，而是弯曲的，那意味着什么呢？爱因斯坦的想法是，质量和能量会以某种还未被确定的方式造成时空的弯曲。苹果或行星这样的物体在时空中会试图保持直线运动，但由于时空是弯曲的，它们的运动轨迹也会产生弯曲，显得是在引力场的作用下产生了弯曲。

在朋友马塞尔·格罗斯曼的帮助下，爱因斯坦对伯恩哈德·黎曼关于弯曲空间和曲面的理论进行了研究。而黎曼在开创这些理论的时候，只是将其作为抽象数学的一个组成部分，并没有想过它们会与现实世界产生关联。1913 年，爱因斯坦与格罗斯曼合作撰写了一篇论文，提出了这样一种观点：时空是弯曲的，我们所认为的引力不过是这个事实的一种表现形式而已。但是，由于爱因斯坦的一个失误（爱因斯坦也是人，也会犯错误），他们当时没能找到表达时空曲率与时空中质量和能量关系的方程。

到了柏林以后，爱因斯坦继续就这个问题开展研究。当时，他既不用受家庭事务的干扰，也在很大程度上未被战争（第一次世界大战）所影响。1915 年 11 月，爱因斯坦终于找到了正确的方程。其实 1915 年夏天，爱因斯坦在访问哥廷根大学期间曾与数学家大卫·希尔伯特讨论过他的想法，后来希尔伯特也独立完成了推导，找到了同样的方程，还比爱因斯坦早了几天。不过，希尔伯特也承认，新理论的发现应归功于爱因斯坦，因为是爱因斯坦将引力与时空的弯曲联系在了一起。即便在战争期间，人们仍然可以进行这种程度的科学讨论和交流，充分说明那时的德国还是一个文明的国度，这与20多年后(第二次世界大战)的境况真是天壤之别!

为了区别于原来那个相对论(不包含引力因素的相对论)，阐述了时空弯曲的新理论被称为“广义相对论”,而原理论则改称“狭义相对论”。1919年，人们用一种颇为壮观的方式证明了广义相对论——一支英国科学考察队去了西非，观测到日食期间太阳附近背景恒星的位置发生了些许偏移。正如爱因斯坦预测的那样，恒星发出的光线在经过太阳附近时发生了弯曲。这不仅直接证明了空间和时间是弯曲的，也是自公元前300年左右欧几里得完成《几何原本》以来，我们对自身所处环境(宇宙)的感知和理解上最大的一次变革。

爱因斯坦的广义相对论将时间和空间视为宇宙中不断发生的动态变化的主动参与者，而不再是事件发生的被动背景。这导致了一个巨大的问题，即便是现在，在20世纪即将结束之际[1]，它依然处于物理学研究的最前沿。宇宙中充满了物质，物质又导致时空弯曲从而使得物体聚集在一起。爱因斯坦发现，在用广义相对论解释一个不随时间流逝而变化的宇宙时，他的方程是无解的，而当时包括爱因斯坦在内的大多数人都相信宇宙是静态的、永续存在的。爱因斯坦没有放弃静态宇宙的假设，而是修改了方程，在其中加入了一个被称为“宇宙常数”的项，他认为是这个宇宙常数项让时空产生了反向弯曲，使物体相互分离。宇宙常数的排斥效应将与物体的引力效应相抵消，从而使得宇宙永续存在。

事实证明，这是理论物理学发展史上人类错失的最大机遇之一。如果当时爱因斯坦坚持他最初的方程，他本可以做出宇宙不是正在膨胀、就是正在收缩的预测。实际上，直到20世纪20年代，人们用威尔逊山上那台直径2.54米的望远镜进行观测后，才开始认真考虑宇宙随时间变化的可能性。观测结果表明，距离我们越远的星系，远离我们的速度也越快。换句话说，宇宙正在膨胀，不同星系间的距离在随着时间的推移而不断增大。爱因斯坦后来称，引入宇宙常数是他一生中最大的错误。

广义相对论彻底改变了人们对宇宙起源和宿命的讨论方向。一方面，静态的宇宙可能会永远存在，或者说在过去的某个时间，在这个静态的宇宙初生之时，它就已经是现在的形态了；另一方面，如果现在星系是在

[1] 本文发表于1999年。

继续彼此远离，那么过去它们之间的距离一定比现在更近。大约在150亿年前[1]，它们甚至可能相互重叠在一起，拥有无穷大的密度。根据广义相对论，宇宙大爆炸就是宇宙的起源，时间也由此诞生。从这个意义上说，爱因斯坦绝不仅仅是过去100年中最出类拔萃的人物，他当得起比“世纪伟人”时间跨度更长的荣誉。

广义相对论还预测，在黑洞内部时间不会流逝，因为黑洞内的时空太过弯曲，光无法逃离这个区域。但是，广义相对论方程并不适用于时间的起始与终结这两种极端情形。因此，这个理论无法预测大爆炸究竟产生了什么。有人认为，这是上帝自由意志的表现，即上帝可以用任何他想要的方式来开创宇宙。但另一些人（也包括我自己）则认为，宇宙的起源应该服从于在任何时候都成立的普适定律。我们已经在这个方向上取得了一些进展，但对宇宙起源的理解还不充分。

广义相对论之所以解释不了大爆炸，是因为它与20世纪初另一项伟大的概念性突破——量子理论并不兼容。1900年，人类朝着量子理论迈出了第一步，当时在柏林工作的马克斯·普朗克提出了一种假设——如果光不是连续的，而是只能以特定大小的量一份一份地传播，就能够解释（为什么）从炽热物体上发出的辐射（与辐射频率和物体的温度有关）了，普朗克将这个特定大小的量称为量子。打个比方来说，辐射就像是一包包的糖，在超市里，并不是你想要多少散装糖都可以，你只能买每袋1千克重的袋装糖。1905年，还在专利局供职的爱因斯坦撰写了一系列有开创性意义的论文，他在其中一篇论文中表明，普朗克的量子假设可以解释所谓的光电效应，即某些金属在被光照射时会释放电子的现象。光电效应是现代光电探测器和电视摄像机的物理学基础，爱因斯坦因对光电效应的成功解释而获得了1921年的诺贝尔物理学奖。

20世纪20年代，爱因斯坦继续开展对量子概念的研究，但当时哥本哈根的维尔纳·海森伯、剑桥的保罗·狄拉克以及苏黎世的埃尔温·薛定谔提出了一种解释现实世界的新学说——量子力学，这项成果让爱因斯坦深感不安。根据他们的理论，微观粒子不再具有确定的位置和速度，而我们对微观粒子的位置测得越精确，对它的速度测量就越不准确，反之亦然。

量子力学基本定律中的随机性和不可预测性，让爱因斯坦大为震惊，他最终也没有全盘接受量子力学，他著名的“上帝不掷骰子”的格言就表达了这一感受。但是，除他之外的大多数科学家都承认了量子力学基本定律的有效性，因为这些定律不但与观测结

[1] 现在一般认为宇宙诞生于137亿—138亿年前。

果非常吻合，好像还能够解释许多先前无法解释的现象。这些定律不仅是现代化学、分子生物学以及电子学得以发展的基础，也是在过去大半个世纪里改变了整个世界的科技的基石。

1933年，纳粹掌权后，爱因斯坦决定不再返回德国，并且放弃了他的德国国籍。他在美国新泽西州的普林斯顿高等研究院度过了生命中最后的22年。纳粹曾发起了一场反对“犹太科学”及犹太科学家的运动（德国没能在第二次世界大战中造出原子弹，与犹太科学家的出逃不无关联），而爱因斯坦和他的相对论就是这场运动的主要攻击目标之一。当被告知德国出版了一本名为《100位教授出面证明爱因斯坦错了》的书时，爱因斯坦回答：“为什么要100位? 如果真的是我错了，1位就足够了。”

第二次世界大战结束后，爱因斯坦敦促同盟国设立一个全球性的治理机构来控制原子弹。1952年，以色列曾经邀请他出任总统，但爱因斯坦拒绝了。他曾写道：“政治是为当前，而方程却是永恒的。”没有什么能比广义相对论方程更合适作为爱因斯坦的墓志铭和纪念，它们将长存于世，与这宇宙同寿。

在过去的100年中，世界经历了前所未有的变化。其原因并不在于政治或者经济，而在于科技的进步——直接由基础科学的发展带来的科技进步。没有任何一位科学家能比爱因斯坦更适合用来代表20世纪的科学进步，阿尔伯特·爱因斯坦——《时代周刊》“世纪伟人”。

右图　霍金在爱因斯坦画像前，摄于耶路撒冷的布卢姆菲尔德科学博物馆。

用能量驱动世界

上图 核能主题的《时代周刊》封面，封面上的问题是："我们还有别的选择吗？"

第 36—37 页图 美国加利福尼亚州莫哈韦沙漠中的风力涡轮机。

1905 年也被称为“爱因斯坦奇迹年”，因为在这一年，自 1902 年起担任位于伯尔尼的瑞士专利局三级技术员的阿尔伯特 · 爱因斯坦，在《物理年鉴》上发表了四篇分别关于光电效应、布朗运动、狭义相对论以及质量与能量之间等价关系的论文。这四篇论文随后彻底改变了科学世界。爱因斯坦著名的质能方程 $E = mc^2$，即一个静止物体的能量等于其质量乘以光速的平方，为核能研究奠定了基础。而早在 1900 年，德国物理学家马克斯 · 普朗克就用一种基于量子领域运行规则的新型神秘力学打开了亚原子世界的大门。普朗克断定，能量是由一个一个的被称作量子的微小单位组成的。由此发源的量子力学不仅引发了物理学的革命，也推动了天文学和化学等其他学科的发展。后来，爱因斯坦、尼尔斯 · 玻尔、维尔纳 · 海森伯、保罗 · 狄拉克和理查德 · 费曼的贡献又进一步丰富了量子力学。美籍意大利物理学家恩里科 · 费米对核裂变的开创性研究，不仅促成了第一座核反应堆的建成和第一批铀弹和钚弹的制造，还使核电站这种能够生产电力同时也是环境污染源的设施拔地而起。再后来，石油危机、核恐慌和气候变化的威胁，共同推动了可再生能源的发展。

1900年，马克斯·普朗克提出了一种假设，即能量的辐射是不连续的，只能以某一最小能量单位的整数倍进行，这个最小的能量单位被称作量子，他指出每份量子等于辐射频率乘以一个普适常量（普朗克常数）。普朗克的这一观点与当时物理学所假定的电磁辐射的连续性并不相容。但实际上，这项先驱性的发现标志着即将掀起科学界革命并改变世界的新学科——量子物理学诞生了。普朗克曾经尝试把量子作用并入经典物理学理论，但努力了几年也没有成功。1905年3月，阿尔伯特·爱因斯坦发表了一篇关于光电效应的文章——《关于光的产生和转化的一个启发性观点》。他在文章中指出，我们必须假设，光有时表现为一组遵从普朗克量子假设的光量子，有时则表现为一种连续的波。正是因为这项成果（量子力学的支柱之一），爱因斯坦于1921年获得了诺贝尔物理学奖，比马克斯·普朗克的获奖时间只晚了3年。

量子之谜

普朗克的发现经受住了其他科学家的检验，量子力学由此诞生并在后来推动了核能等领域的研究。但是，在量子理论中，原子和分子的行为所遵循的规律却有悖于常识，而且具有十分奇怪的特性。举个简单的例子，对于一个原子来说，在我们通过观测确认它

左图　为了能直观地呈现复杂的原子结构，一名研究人员使用了分子模型做演示，照片摄于1941年。

的位置之前，它可以同时存在于不止一个位置。再比如，一个电子在被观测之前，在同一时刻它的自旋既可以是顺时针方向也可以是逆时针方向。现在，用速度或位置之类的物理量来描述物质的组成成分已经不再合适了：在给定时刻对任意粒子的状态进行定义的应该是一个波函数。量子力学已经成为科学家们对原子、分子、基本粒子和辐射之间的相互作用进行准确预测的主要工具。不过，这些相互作用的发生方式和发生原因依然是未解之谜。

1922 年诺贝尔物理学奖得主、丹麦物理学家尼尔斯・玻尔根据普朗克和爱因斯坦的理论中出现的量子理论的新假设，对原子物理学进行了调整。玻尔提出，在研究原子内电子的运动时，经典电动力学已经不再适用。此外，他还对科学家们在不同化学元素的光谱中观察到的规律进行了阐释。

玻尔的研究工作有一大特点：一边与经典物理学决裂，一边又试图通过一种理论方式将量子不连续性造成的最终结果纳入经典物理学范畴。1933 年诺贝尔物理学奖得主、英国物理学家保罗・狄拉克自 20 世纪 20 年代起开始构建的电子理论，使得相对论的一系列原理能够被纳入现代量子力学的框架中。狄拉克认为，一个电子与它对应的反粒子（正电子）质量和带电量相同，但电荷符号相反，两者可以相互湮灭并释放光子，这是一种典型的相对论现象——任何状态下的所有物质都可以以能量（光子）的形式消失。

1927 年，德国理论物理学家维尔纳・海森伯提出了不确定性原理，根据这个原理，我们不可能同时精确确定一个粒子的位置和动量。1935 年，奥地利物理学家埃尔温・薛定谔提出了一个思想实验来解释量子力学的复杂性，这就是大名鼎鼎的“薛定谔的猫”。根据量子理论，在任何时候都不可能确定一个原子的状态，所以只能说某个原子同时处于已衰变和未衰变的状态，只有通过观测才能得出它是否发生衰变的结论。薛定谔想象将一只猫、一罐密闭的毒气和一个铀原子同时放在一个密封的盒子里，预计铀原子有 50% 的概率在 1 小时内发生衰变并引发毒气释放。猫是由数以万亿计的原子组成的，当盒子处于关闭状态时，外部观测者只能假设猫处于一种同时活着和死去的叠加态，只有打开盒子才能确认猫到底是活着还是死了。但问题是，如果确认猫是活的，那么另外有 50% 概率存在的死猫又在哪里呢?

1970 年，德国物理学家迪特尔・策发现了“薛定谔的猫”佯谬中的一个陷阱。猫处于半生半死状态的可能性的确可以存在，但这种状态却极其脆弱，一个空气分子的碰撞就足以将其摧毁。碰撞过后，那只半生半死的猫就变成了一只活着的猫和一只死去的

十位极具影响力的诺贝尔物理学奖获得者

1. 阿尔伯特·爱因斯坦（1879—1955）

爱因斯坦被誉为“现代物理学之父”，是20世纪最著名的科学家。

2. 马克斯·普朗克（1858—1947）

普朗克因提出能量量子化而获得1918年的诺贝尔物理学奖，是量子力学的奠基人。

3. 约翰·巴丁（1908—1991）

约翰·巴丁是唯一一位两次获得诺贝尔物理学奖的科学家（分别在1956年和1972年获奖），他的突出贡献是发明了晶体管。

4. 玛丽·居里（1867—1934）

玛丽·居里（居里夫人）和丈夫一起对放射性现象进行了研究，她在物理学和化学这两个领域都获得了诺贝尔奖。

5. 威廉·康拉德·伦琴（1845—1923）

伦琴因发现X射线而获得1901年的诺贝尔物理学奖，他也是诺贝尔物理学奖的第一位获得者。

6. 古列尔莫·马可尼（1874—1937）

由于在无线电通信领域做出的贡献，他与费迪南德·布劳恩一起获得了1909年的诺贝尔物理学奖。

7. 恩里科·费米（1901—1954）

费米对放射性进行了大量研究，因利用中子辐射发现新的放射性元素，以及利用慢中子轰击原子核引起相关核反应，获1938年的诺贝尔物理学奖。

8. 罗伯特·密立根（1868—1953）

密立根精确测定了电子的电荷，并在光电效应领域开展研究，于1923年获得诺贝尔物理学奖。

9. 保罗·狄拉克（1902—1984）

狄拉克是量子力学和量子电动力学的奠基人之一，于1933年与埃尔温·薛定谔一起获得诺贝尔物理学奖。

10. 恩斯特·鲁斯卡（1906—1988）

鲁斯卡因在电子光学领域的研究获得了1986年的诺贝尔物理学奖，世界上第一台电子显微镜就是他设计的。

猫，它们之间再也没有关联，不能相互转化。对于一个原子或一个含有少量原子的集合来说，同时存在两种可能性的状态相对容易维持，而对于像猫这样的巨量原子集合来说，这种状态几乎不可能保持得住。再后来，许多物理学家开始接受这样的论点，即两个状态的猫都存在，只是分别处于两个平行宇宙中。1965 年诺贝尔物理学奖得主理查德·费曼说："根本没有人懂量子力学，根据人类的经验来解释它的效应是完全不可能的。"这位量子电动力学领域的开拓者（提出了用粒子运动来描述电磁场的电动力学理论）承认，当物理学家观测原子行为时，他们能采取的最好方式就是根据概率进行预测。

尽管在我们生存的环境里几乎所有的物理和化学反应中，量子力学都发挥着重要的作用，但它还是让早已习惯于用因果关系解释事物的物理学家遭受了不少挫折。诚然，将我们所看到的宏观世界（传统的牛顿力学的世界）与我们看不到的量子力学的世界统一起来，无疑是一件复杂的事情，或许在当前阶段还不可能实现。尽管非常难以理解，但众多现代技术都与量子力学有关，这些技术包括激光、显微镜、半导体、超导体以及纳米电子技术。量子力学不仅在当今时代的信息通信领域具有重要意义，如应用于计算机、手机的研发，以及推动海底光波通信系统和光导纤维的发展，此外，在医学领域（如扫描仪和其他高分辨率医疗设备）、原子研究和空间技术中也可以看到依赖量子力学原理的新型超导材料的身影。

核能

1905 年，爱因斯坦得出了一个关于能量的极为重要的结论。他推断，如果说运动本身就是一种能量的表现形式（动能），而运动会使物体的质量增大（相对论质量），那么物体因运动产生的质量的增量一定是来自物体因运动而得到的能量的增量。能量一定是有质量的，爱因斯坦用数学方式证明了二者之间的关系：$E = mc^2$。后来，质量与能量之间的等价关系成为研究核裂变应用的理论基础。在 1934 年，一对法国的物理化学家伉俪——伊雷娜·居里和弗雷德里克·约里奥发现了人工放射性，1 年后他们因此被授予了诺贝尔化学奖。1939 年，人们证明了铀 -235 原子核可以裂变，又在 1941 年发现了钚 -239，这两项成果让流亡美国的意大利物理学家恩里科·费米的工作如虎添翼。1942 年 12 月 2 日，费米在芝加哥大学的地下室建成了世界上第一座核反应堆。在这座核反应堆中，费米把铀和石墨层层堆叠起来，减缓了裂变时产生的中子的速度，再用镉棒吸收中子来控制反应的速度，最终成功地将链式反应控制在了一个微妙的平衡中。

世纪见证人

马里恩·金·哈伯特

马里恩·金·哈伯特（1903—1989）是美国地球物理学家，曾在壳牌石油公司的实验室工作，他创造了一个被称为“哈伯特顶点”（石油峰值）的术语，该术语指的是 20 世纪的主要能源——石油的出产速率的最高点。哈伯特通过建立数学模型来确定油井的使用寿命以及某一个国家或全世界的原油产量。此外，他还预测了石油在达到生产高峰后将会枯竭的情况。

哈伯特的成就可不单单是这条以他名字命名的术语，他不仅为人们理解深层地壳中岩石因承受巨大压力而产生的塑性现象做出了贡献，还对流体通过多孔岩石的运动进行了一系列重要的研究。但直到 1956 年在得克萨斯州圣安东尼奥举行的美国石油学会会议上做了一次报告后，哈伯特才开始有了些名气。他当时讲的话像是危言耸听：“根据目前掌握的信息，世界范围内的石油和天然气生产可能会在半个世纪后达到峰值，而对于得克萨斯州乃至美国来说，未来 10—15 年内就可能达到这个峰值。”在大家普遍的质疑声中，他进一步预测，未来半个世纪内可能就会迎来全球石油生产的峰值。

哈伯特对自己的观测结果进行了统计分析，并展示了他的数学推导成果——哈伯特曲线模型。这位地球物理学家得出的生产曲线呈钟形。在生产曲线的上升段，石油储量丰富、质量好、容易开采；当生产曲线达到顶峰（石油峰值）后，根据收益递减规律，产量开始下降，石油储量变得越来越少，开采成本越来越高，质量越来越差，纯度也越来越低。换句话说，就是石油变少，而价格上涨。哈伯特一语成谶。1970 年，美国率先到达了石油峰值，原油的开采量开始下降，能源贸易也开始进入赤字时期。而受 1973 年和 1979 年的两次石油危机的影响，全球石油峰值的到达略有延迟，最终在 2010 年前后到达[1]。许多曾被对石油生产持乐观态度的同行称为“半吊子地质学家”的科学家们，就这样一点一点地见证了哈伯特的峰值预测成为现实。

[1] 关于哈伯特的石油峰值理论存在争议，有人认为 1970 年美国达到的只是疑似峰值，而全球石油峰值尚未有准确预估。

1943 年，在加利福尼亚大学和美国军方的支持下，一群世界上最优秀的物理学家会聚在洛斯阿拉莫斯（位于美国新墨西哥州）的实验室中，开始秘密制造第一颗原子弹。铀浓缩厂建在田纳西州的橡树岭，而钚的生产和提取则在华盛顿州的汉福德进行。这项约有 15 万人参与的项目就是曼哈顿计划。除了玻尔、狄拉克、费米、费曼等著名科学家参与合作外，曼哈顿计划还有两位重要领导者——军方负责人莱斯利·格罗夫斯和实验室主任罗伯特·奥本海默。1945 年，美国将两颗原子弹——铀弹“小男孩”和钚弹“胖子”分别投向了日本的广岛和长崎两座城市。

1954 年，世界第一座核电站在苏联建成投产，同年，世界第一艘核潜艇鹦鹉螺号也在美国下水。此后，对于核能的研究更多地集中在了和平利用方面，但同时也确实助

“世界范围内的石油和天然气生产可能会在半个世纪后达到峰值。”

上图 《国家地理》杂志在 2004 年的一期封面上提到了哈伯特在 20 世纪 50 年代做出的预测。

新型能源

核能在战争中的应用

1954 年 1 月 21 日，由美国军方研发的世界上第一艘核潜艇鹦鹉螺号下水，照片摄于美国康涅狄格州格罗顿。

长了军工企业在核能利用上的狂热。而且，核电站数量的增长产生了放射性废物的储存和处理问题，这些放射性废物的放射性需要数千年甚至上百万年的时间才能消除。此外，核电站本身的运行也面临一些安全问题。1979 年美国三哩岛核电站和 1986 年苏联切尔诺贝利核电站的严重核泄漏事故发生之后，核能的安全性再次受到了质疑。

用清洁能源提供动力

即将进入 21 世纪时，人们开始更多地思考之前未被重视的一系列问题，如臭氧层空洞、温室气体排放和气候变化。这些问题表明，开展第三次工业革命迫在眉睫。罗马俱乐部（一个研讨全球问题的智囊组织）在其 1972 年发表的第一份研究报告《增长的极限》中，描述了一个黑暗的未来：富裕国家的自然资源日渐枯竭，而对于投入全部技术资源以最大限度地提高我们的能源效率，人们却无动于衷。在那个年代，使用可再生能源还是科幻小说里才有的内容，但电力、汽车和石油等产业的集中化似乎已经到了上限，绿色技术才刚刚开始取得进展，“可持续发展”还只是个神奇的字眼而已。

核聚变是一种能在太阳和其他恒星中自发发生的过程，利用核聚变过程可以制造氢弹和中子弹，由于产生的放射性污染非常小，核聚变也被认为是一种获取廉价能源的理想替代方式。清洁能源在交通领域的应用也在不断推进。1908 年，福特 T 型车开启了大规模流水线装配的生产模式并引入了标准化的制造体系，而如今人们已经可以期待在不远的将来实现氢动力汽车的大规模生产。人们已经把由锂电池驱动并可从电网充电的电动汽车从一个有趣的想法变成了现实，未来说不好甚至会普及由一个电动马达、一块氢燃料电池和几块太阳能电池板共同提供动力的“三混合动力汽车”。

“当你看到一些技术上突破的苗头时，你就去做……先在技术上取得成功，然后再去争论该如何处理它。原子弹就是这样的。”

——曼哈顿计划首席科学家罗伯特·奥本海默，1954 年

上图

粒子加速器

一名技术员正在为德国电子同步加速器更新热量计，摄于德国汉堡。

左图

减少能源消耗和污染

美国住宅区的一辆电动汽车，摄于 1972 年。

核能信息图

20 世纪下半叶，核能在其主要应用领域——获取电能方面，发挥了非常重要的作用。自 1942 年芝加哥大学建成世界上第一座核反应堆起，核能才开始展露它和平的一面。1951 年，人们开始利用核能进行电力生产。

核电站[1]

利用核反应堆产生的热量来加热冷却剂，生成温度非常高的蒸汽，高温蒸汽推动汽轮机，进而驱动发电机工作。

2. 蒸汽发生器

核裂变产生的热量将这里的水加热，产生的蒸汽进入热交换器。

1. 核反应堆

核反应堆通过控制一些重原子核（主要是铀原子）的裂变来产生核能。

钢筋混凝土结构的厚实墙体

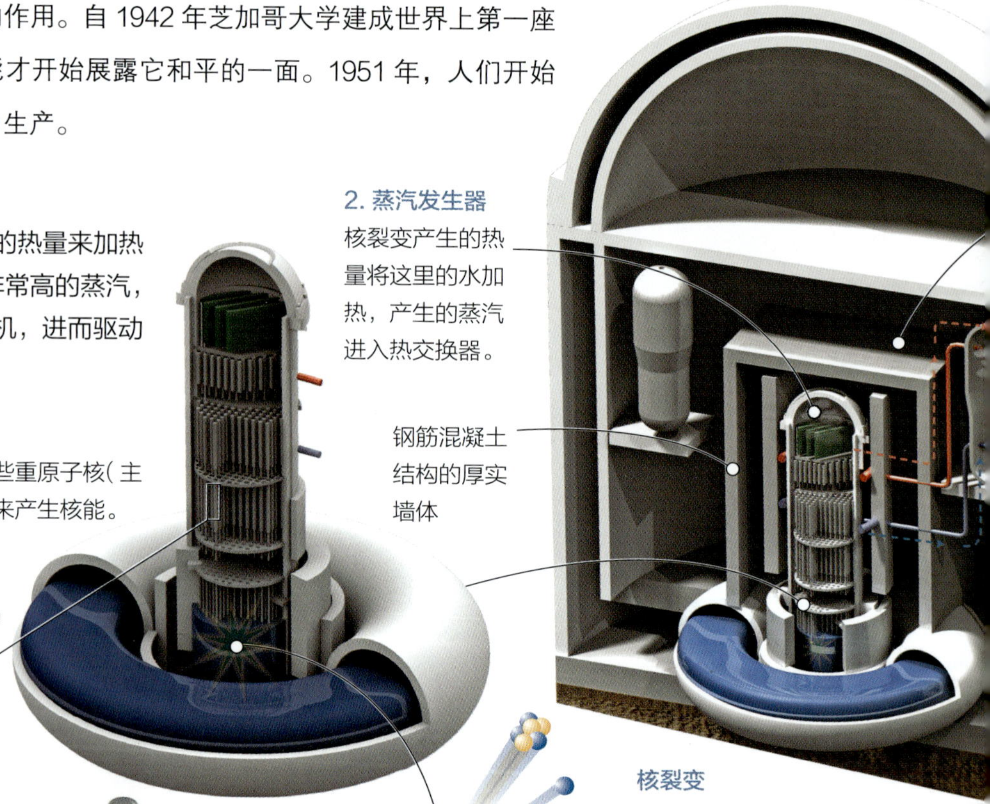

核裂变在核反应堆中心的容器内进行。

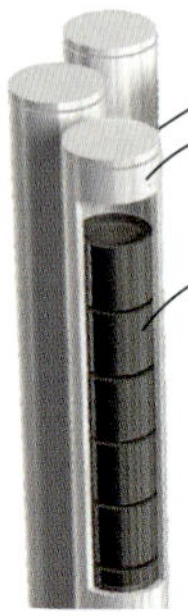

铀

先将富集铀的芯块装填进空心棒中，然后将其放置在核反应堆的容器内。

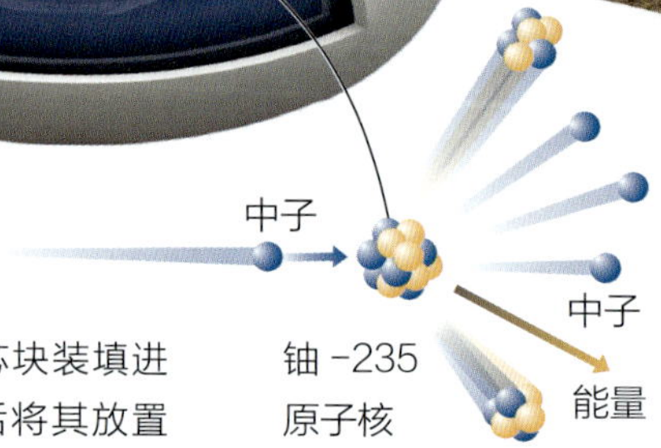

核裂变

铀原子核在受到中子轰击时，分裂成两个较轻的原子核，同时释放中子和大量能量，新释放的中子再继续轰击其他铀原子核，使其发生分裂，这种逐代延续进行的核反应被称为链式反应。

核能的发展历程

恩里科·费米

领导团队研发了第一座核反应堆。

1942	1945	1947		1951
12 月 2 日	7 月 16 日	8 月 6 日、9 日	10 月 6 日	12 月 20 日
世界上第一座核反应堆在芝加哥大学建成。	美国在新墨西哥州进行了世界上第一次原子弹试爆。	美国先后在日本广岛和长崎投下了原子弹。	人类正式开始研究如何和平利用核能。	人类首次利用核能发电。

[1] 第 48—49 页图展示的是 20 世纪核电站的其中一种典型形式。

全球核反应堆数量变化（单位：个）

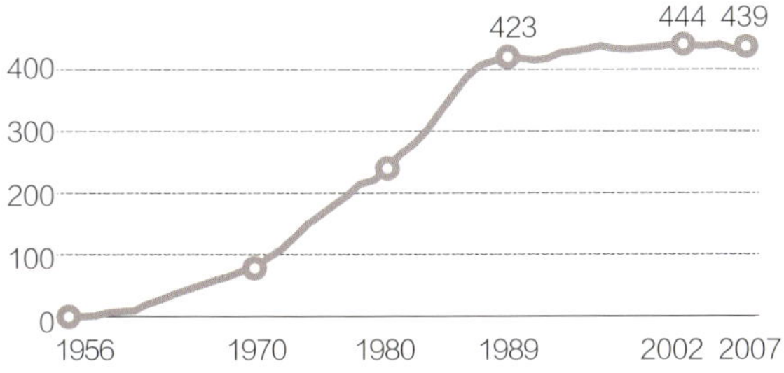

主要有核国家

（1999 年拥有的核反应堆数量，单位：个）

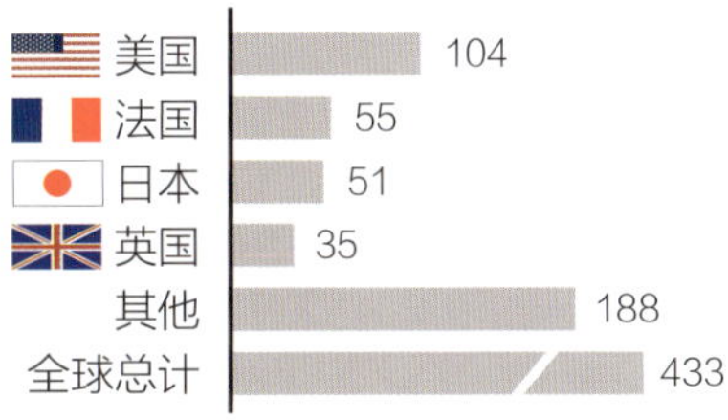

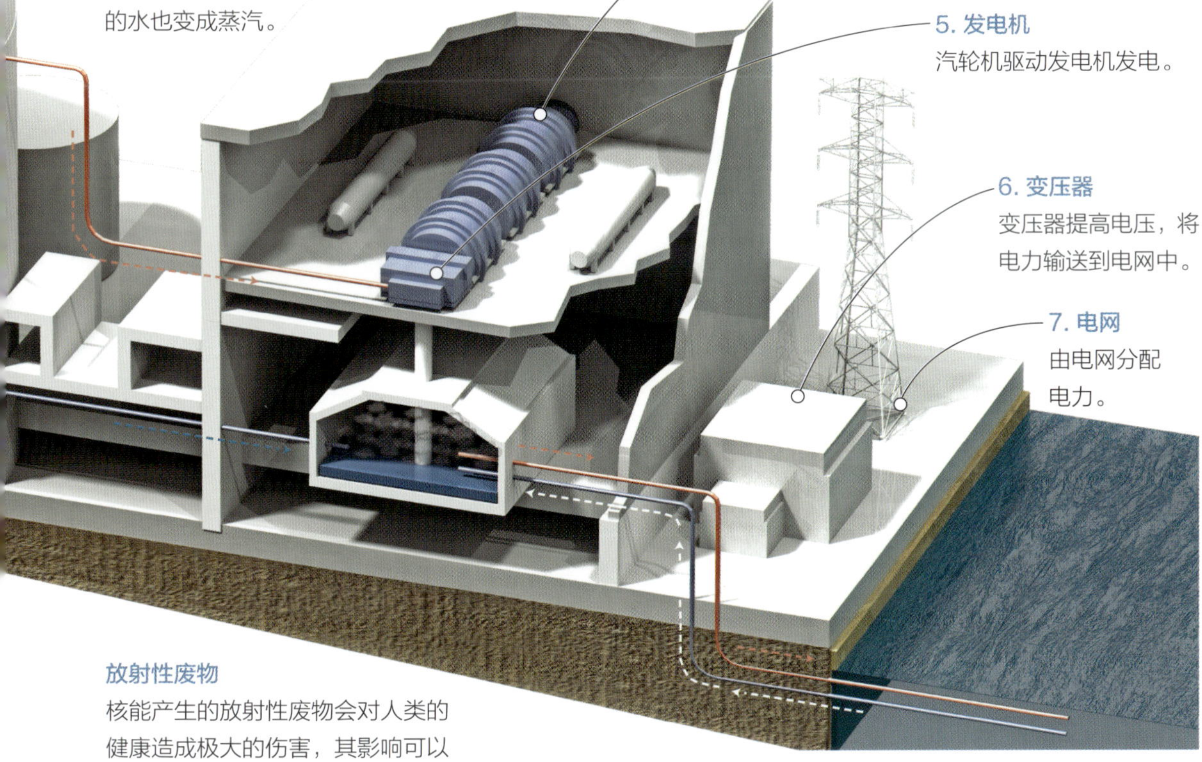

3. 热交换器

高温蒸汽进入后，会加热更多的水，使热交换器中的水也变成蒸汽。

4. 汽轮机

蒸汽进入汽轮机，推动汽轮机运行。

5. 发电机

汽轮机驱动发电机发电。

6. 变压器

变压器提高电压，将电力输送到电网中。

7. 电网

由电网分配电力。

放射性废物

核能产生的放射性废物会对人类的健康造成极大的伤害，其影响可以存在数千年甚至更长时间。

核事故

1954

6 月 27 日

世界第一座核电站——苏联奥布宁斯克核电站投入使用，开始并网发电。

1957

7 月 29 日

国际原子能机构成立，宗旨是促进核能的和平利用。

12 月 2 日

美国第一座大型核电站在宾夕法尼亚州希平港并网运行。

1979

美国三哩岛核事故。

1986

苏联切尔诺贝利核事故。

2011

日本福岛核事故。

20世纪的汽车

自 1886 年卡尔・本茨为他发明的“装了汽油发动机的三轮车”申请专利以来，汽车在 20 世纪的道路上不断行进，留下一串串令人眼花缭乱的车辙。很快，法国和美国就实现了汽车的工业化生产。对 20 世纪二三十年代的数百万人来说，拥有一辆汽车已不再是梦想，而是真真切切的现实。每个时代都有其特征鲜明的最流行、最受推崇的汽车款式，汽车引领了潮流，成了大众文化的一部分。由于汽车的平民化，许多家庭的生活方式随着行动的自由而发生了根本性的改变。

亨利・福特

亨利・福特（1863—1947）做出的伟大贡献是，用创新的方法将汽车生产由手工作坊模式转变为高效的流水线装配模式，实现了汽车的大批量生产。他也因此成为世界上最富有的人之一。

第一款畅销全球的汽车

福特汽车公司生产的具有传奇色彩的福特 T 型车是汽车平民化的代表作，这是因为随着工业技术的引入，生产时间和成本大大减少。仅在 1908—1928 年，福特 T 型车就售出了 1 500 多万辆。到 1921 年，福特 T 型车的产量已经占到了世界汽车总产量的一半以上，全球各地的马路上都能见到这款车的身影。

汽车之都底特律

1955 年，福特汽车公司、通用汽车公司和克莱斯勒汽车公司占据了全美汽车销售总额的 95%。历史上曾有一段时期，它们牢牢占据着世界汽车制造商的前三席，被称为“汽车三巨头”。由于这三家公司的总部都设在美国城市底特律，它们也被称作“底特律三巨头”。

平民车

汽车制造商们一直希望将汽车普及到大众层面，尤其从 20 世纪下半叶开始，这种尝试更是遍地开花。虽然每个国家标志性的平民车各不相同，但它们都有一些共同的特征：体积小、价格便宜、发动机功率小、设计朴素而耐用。最终，汽车成了一种大众消费品。

大众甲壳虫（德国）

大众甲壳虫是在阿道夫·希特勒的明确要求下，由费迪南德·波尔舍设计的一款国民汽车。

菲亚特 500（意大利）

菲亚特 500 是意大利历史上最重要的一款汽车，在当时意大利总理墨索里尼的授意下由菲亚特汽车公司生产。

特拉贝特（德意志民主共和国）

特拉贝特（也译作“卫星”）曾经是德意志民主共和国最知名的国民汽车。

雪铁龙 2CV（法国）

由于价格亲民、操控简单并拥有出色的承载能力，雪铁龙 2CV 一度在法国乡村的道路上风头无两。

▲
西雅特 600（西班牙）
西雅特 600 是佛朗哥执政时期大多数西班牙人拥有的第一辆汽车。

20 世纪畅销车型
丰田卡罗拉是历史上最畅销的车型。第一代卡罗拉于 1966 年在日本发布，直到今天仍在全球范围内销售。截至 2010 年，丰田卡罗拉的累计销量已经超过了 3 600 万辆。

豪华车

▲
劳斯莱斯银色魅影（英国）
自问世以来，银色魅影一直是劳斯莱斯这家英国制造商声名远扬的代表车型。

▲
宝马 328（德国）
宝马 328 是一款远超时代水平、非常有竞争力的跑车。它是德国技术的杰作，曾为许多汽车的设计提供了灵感。

▲
梅赛德斯 – 奔驰 300 SL（德国）
梅赛德斯 -奔驰 300SL 是 20 世纪 50 年代的跑车之王，以其首创的“鸥翼门”而闻名，不过，因为很多赛车手在驾驶该车的过程中丧命，所以这款车也曾被称作“寡妇制造者”。

▲
保时捷 911（德国）
保时捷911是保时捷品牌卓越的旗舰车型。经过重新设计，保时捷 911 在 21 世纪焕发了新生。

科学摄影

摄影技术的发展离不开科学的进步，反之亦然。纵观 20 世纪，摄影技术已经成为获取科学知识的过程中不可或缺的工具。在各种技术的加持下，摄影能够直接展现那些人眼无法感知的内容：因为太远看不见的，可以用天体照相术解决；因为太小看不见的，可以用超近摄影（也称宏观摄影）和显微摄影解决；对于快速移动的物体，可以使用高速摄影；或者有些干脆超出了可见光范围的，可以使用红外摄影或紫外摄影。除了科学价值，这些拍摄到的图像还具有奇特而迷人的美感。

上图　子弹穿透苹果，摄于 1964 年。这是高速摄影的先驱、频闪拍摄技术的发明者、麻省理工学院教授哈罗德·埃杰顿的作品。

右图

使用频闪灯捕捉到的海龟运动过程。

下图

哈勃空间望远镜拍摄的麒麟座 V838 恒星周围的光晕。

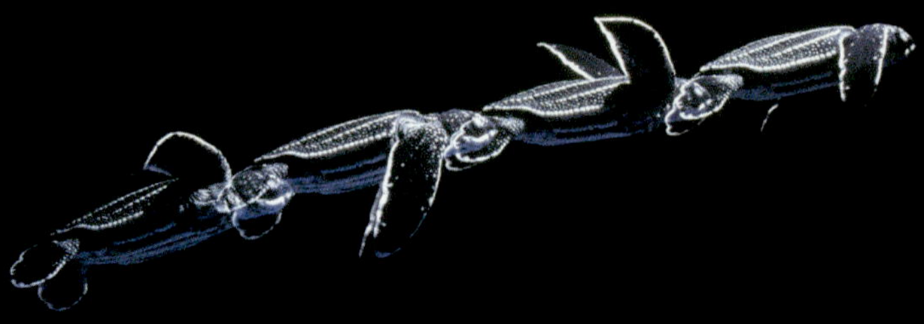

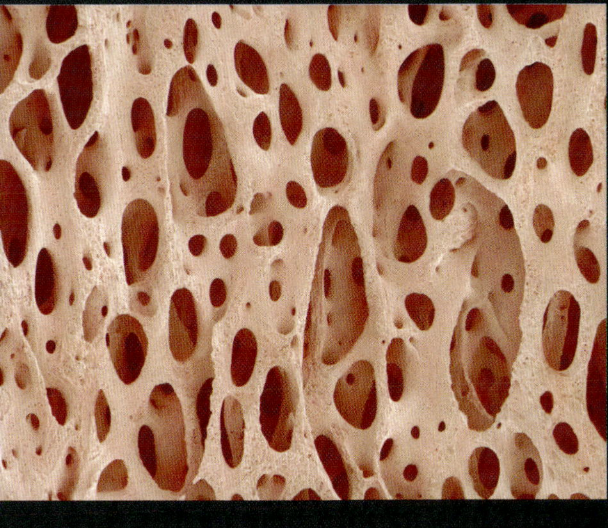

下图

15 倍镜头下的蜜蜂。

左图 · 上

鳟鱼卵的细节，这张宏观摄影照片由动物学家戴维 · 斯皮尔斯拍摄。

左图 · 下

25 倍镜头下的母鸡骨组织。

Sheno
Sheno
Sheno

塑料时代

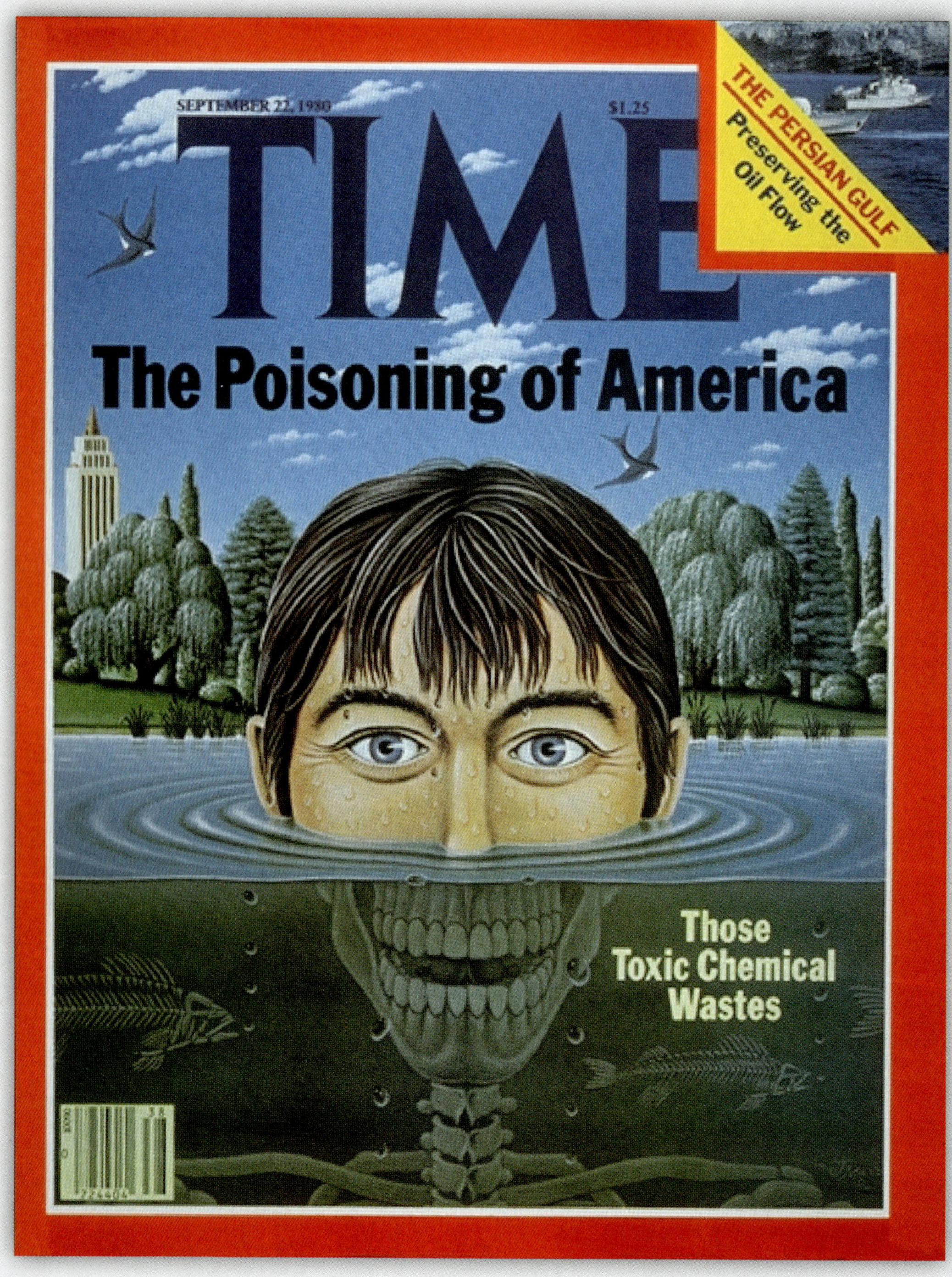

上图　展现有毒废物危害的《时代周刊》封面。

第 56—57 页图　在埃塞俄比亚首都亚的斯亚贝巴的一个市场上，到处都是塑料容器和其他塑料制品。

化学无处不在，20 世纪更是化学发展的盛世。化学家们合成了许多种以往从未存在过的物质，并在原子层面对这些物质的结构、性质以及转化开展研究。化学已经发展成一门与物理学、生物学、环境科学、毒理学、材料科学、食品工程和生物医学都有密切关联的科学。1862 年，英国发明家亚历山大·帕克斯（1813—1890）开发出最早的塑料——“帕克辛”，在此基础上，1869 年，美国发明家约翰·韦斯利·海厄特（1837—1920）发明了“赛璐珞”（硝酸纤维素塑料），塑料时代就此开启。塑料逐渐成为一种不可或缺的产品，其应用范围非常广泛，从家庭日用和医学领域到纺织和电子等工业领域，都可以看到它的身影。1935 年，人们发明了尼龙，又在 1950 年发明了涤格尔[1]，一步步地，人造纤维、合成纤维和丙烯酸纤维取代了丝绸和羊毛，实现了对自然资源的节约，成功地在世界范围内流行开来。而在 1939 年，人们发现滴滴涕（DDT，双对氯苯基三氯乙烷）可用作杀虫剂，这直接促进了绿色革命的开展。这场绿色革命起先是推广矮秆、高产的小麦新品种，同时也推广使用农药和化肥，后来就扩展到了推广水稻、玉米等其他主要粮食作物的新品种。但没过多久，世界上就出现了批判绿色革命的声音，因为其对环境造成了负面影响。不仅如此，广泛应用于食品保存的化学添加剂也受到了波及。

[1] 法国产的一种涤纶。

英国发明家亚历山大·帕克斯通过把硝化纤维溶解在添加了粗木精的溶剂（酒精、乙醚等）中，制成了世界上第一种塑料材料。不过，帕克斯虽然在 1862 年的伦敦世界博览会上展示了他的发明，却并不知道这种名为“帕克辛”的新材料该如何应用。7 年后，美国发明家约翰·韦斯利·海厄特想到，可以用赛璐珞来替代用以制作台球的既稀缺又昂贵的象牙。再后来，赛璐珞的应用延伸到更多领域，比如衬衫的领口与袖口、假牙托、刀柄、骰子、钢笔，甚至在摄影和电影行业中也可以找到它的身影。

塑料无处不在

早在 1907 年，比利时化学家莱奥·昂德里克·贝克兰就在催化剂的作用下加热甲醛和苯酚，制取了一种叫作“电木”（酚醛树脂）的高硬度合成树脂。电木是一种特别耐热的塑料，是电气工业以及制备清漆等涂料的理想材料。1920 年，弗里堡化学研究所所长、德国化学家赫尔曼·施陶丁格开始对天然聚合物（如纤维素、天然橡胶）和合成聚合物（如聚苯乙烯、聚甲醛）的结构和性能开展理论研究。他的研究表明，上述塑料具有由长碳链连接而成的大分子结构，由

右图　在一个废品回收站里，两个人在堆积如山的塑料瓶上行走。

富美家、尼龙和乙烯基

20 世纪 50 年代的广告商频频用刚刚面市的新奇的现代材料来打动家庭主妇，例如这三则广告分别展示了厨房中的富美家贴面板、尼龙丝袜和乙烯基瓷砖。

此为高分子化学的发展奠定了基础。1931 年，出生于比利时的美国化学家、牧师尤利乌斯·纽兰德在一系列与橡胶相关的聚合物研究中，成功制得了氯丁橡胶。

20 世纪 30 年代初，有机玻璃出现了，这是一种具有玻璃外观的、透明而柔韧的材料，可以用来制作织物或是挂毯。1935 年，美国化学家华莱士·休姆·卡罗瑟斯成功制取了长链聚酰胺，这种材料主要应用于纺织业，后来被称为“尼龙”。在 1889 年由法国伯爵夏尔多内用他的人造丝（历史上第一种人造织物）唤起的那个古老梦想（造出人人都能用得起的材料来取代奢华的丝绸和羊毛），似乎就快实现了。1941 年，英国化学家 J. R. 温菲尔德和 J. T. 迪克森为一种由乙二醇和其他化学物质聚合而成的热塑性树脂——聚酯申请了专利，聚酯经纺丝可得聚酯纤维（俗称涤纶）。1950 年，一种非常结实的新型聚酯纤维——涤格尔迅速占领了市场，在服装行业十分受欢迎。此外，聚酯还可以用来生产玻璃纤维增强塑料，用于制造汽车车身、船体和鱼竿。1938 年，美国工业化学家罗伊·普伦基特发明了一种耐高温、耐腐蚀的聚合物——特氟龙（聚四氟乙烯）。

1946 年，特氟龙开始进入商用市场，用于制造医用植入物和不粘锅。第二次世界大战期间，在研发第一颗原子弹的曼哈顿计划中，特氟龙首次被用于隔离铀等有毒元素。

德国化学家卡尔・齐格勒和意大利化学家朱利奥・纳塔的研究几乎是并行的，他们分别通过有机金属催化系统成功制取了线性聚合物，二人因在聚合反应催化剂等领域的贡献共同获得了 1963 年的诺贝尔化学奖。当时，聚合技术已经接近完美水准，各种塑料、薄膜和纤维几乎可以实现定制化生产。这些聚合物（聚乙烯和聚丙烯等）的应用范围非常广泛，可用于制造假体、隐形眼镜、防弹衣等。新型合成纤维（如丙烯酸纤维）的应用范围几乎涵盖了日常生活和科技研究的方方面面：从床垫、潜水服、飞行服，到计算机、飞机上的轻型结构，甚至是航天飞机的驾驶舱，都能见到新型合成纤维的身影。

有毒气雾剂

早在 1874 年，人类就合成了滴滴涕，但直到 1939 年，瑞士工业化学家保罗・赫尔曼・穆勒才发现滴滴涕具有杀虫功效，他也因此以非医学专家的身份获得了 1948 年的诺贝尔生理学或医学奖。第二次世界大战期间，同盟国阵营为了有效地抑制跳蚤、虱子和蚊子对士兵们的骚扰，为军队配备了滴滴涕产品。1941 年，美国化学家莱尔・D. 古德休制出了一种将杀虫剂溶解在氯氟烃气体中的杀虫气雾剂。就这样，在 1945 年于美国市场发售之前，这种能杀虫的气雾剂就早已被同盟国军队喷洒到了战场上。随后，气雾剂被普及到了世界的各个角落，出现在了食品（如鲜奶油）和非食品（如化妆品和杀虫剂）领域，我们在清洁用品、医药、颜料和香水中都能看到它的应用。

但是人们很快就意识到，这种广泛应用于气雾剂的抛射剂以及制冷系统的制冷剂的化合物，正是大气臭氧层变薄的原因。氯氟烃气体的化学性质极为稳定，这使它能够在空气中不受阻碍地一直向上升，但紫外线的照射会使氯氟烃分子分解，产生氯原子，每个氯原子可以分解数万个臭氧分子。20 世纪 80 年代，那些生产氯氟烃的跨国公司声称，他们在寻找对环境和人类无害的替代气体时，在技术层面和效益方面都遇到了困难，不过人们还是开始减少氯氟烃化合物的生产和使用。但销毁大量的氯氟烃库存也带来了另一个问题——温室气体二氧化碳的大量产生。直到 20 世纪 90 年代，人们发现使用草酸钠能够在不产生二氧化碳的情况下分解氯氟烃气体，这个问题才得以解决。

绿色革命

1908 年，德国化学家弗里茨・哈伯以一种有效且稳定的方式实现了固氮（将空气中的游离氮转化为化合态的氨），即在高温高压的条件下，以铁的氧化物作为催化剂，让氢气和氮气发生反应来产生氨。随后，他为这个制备氨的工艺申请了专利。将这种工艺直接应用于化肥的工业化生产，则要归功于德国工业化学家卡尔·博施。后来，博施因为在高压化学合成技术上做出的重大贡献，与弗里德里希·贝吉乌斯一起分享了 1931 年的诺贝尔化学奖。氨的工业化生产使德国的农业不再依赖进口，最重要的是，在第一次世界大战期间，德国靠着这项技术成功经受住了协约国对有机硝酸盐供应的封锁。在这项发明的影响下，全世界的农业生产力水平都有所提高。不过，氨的大规模生产也有其黑暗的一面，因为它也可以用作合成硝酸铵、硝化甘油和三硝基甲苯这样的炸药原材料。

1950 年前后，美国农业科学家、遗传学家和植物病理学家诺曼·博洛格（1914—2009）带领一群专家在墨西哥开

世纪见证人

莱纳斯·鲍林

用化学促进和平。

莱纳斯·鲍林（1901—1994）是美国现代化学的先驱，他成功地将量子力学方法应用于化学键特性和物质分子结构研究。1954 年，他因上述贡献被授予诺贝尔化学奖。随后，鲍林继续研究分子缺陷和遗传病之间的联系，以及放射性对有机体的影响。他还差一点就发现了 DNA 的分子结构。这位不折不扣的维生素 C 倡导者和消费者常说："研究那些不符合我世界观的事情让我非常开心。"自 1946 年起，他开始公开反对核武器和战争。鲍林所秉持的激进和平主义立场曾让他一度被自己国家的执政当局所不喜。

1962 年，鲍林获得诺贝尔和平奖，这也是他第二次获得诺贝尔奖。根据官方记录，这次获奖是对他"不仅反对核武器试验、反对核武器扩散、反对使用核武器，而且反对把战争作为一种解决国际冲突的手段"的表彰。

右图　莱纳斯·鲍林和他的夫人在家中，摄于 1963 年。

上图　美国摄影师尤金·史密斯 1952 年在《生活》杂志上发表了一篇关于化学工业发展的报道，他重点讲述了孟山都公司，并在那里对各种实验场景进行了拍摄。

展研究，希望能够培育出一种高产、抗病且适宜在各种地理环境下种植的小麦品种。为了达到这个目的，博洛格用当地的小麦品种与一种日本矮秆小麦进行杂交，最终得到了惊人的结果。从那时起，这种技术被推广到发展中国家（尤其是印度和巴基斯坦），应用在水稻、玉米、马铃薯、棉花、小米以及其他农作物的培育上。对诺曼·博洛格来说，人工合成农用物资（包括化肥和杀虫剂）的投入将决定他领导的这项农业工程能否持续地获得成功，这是对抗粮食短缺问题的必要条件。这一系列农业生产技术改革活动就是绿色革命，人们也尊称博洛格为“绿色革命之父”。1970 年，为了表彰博洛格在研发高产谷物品种上做出的贡献——他培育的谷物品种极大地提高了那些曾经饱受饥饿之苦的国家的粮食生产水平，诺贝尔奖委员会授予他诺贝尔和平奖。

1971 年 2 月 12 日，世界卫生组织在

“诺曼·博洛格其人正是人类为了建立一个没有饥饿的世界而努力奋斗的生动体现。他的一生都在践行和传达他对此的态度。”

——印度“绿色革命之父”蒙肯布·桑巴希万·斯瓦米纳坦

世纪见证人

蕾切尔·卡森

美国海洋生物学家蕾切尔·卡森（1907—1964）是一位与海洋渊源颇深的伟大女性，她著有三本散发着海水咸涩味道并讲述对海洋污染问题痛苦回忆的书——《海风下》(1941 年)、《海洋传》(1951 年)、《海滨的生灵》(1955 年)。1962 年，她最负盛名的代表作《寂静的春天》出版。在这本书中，卡森详述了她掌握的关于杀虫剂的全部知识，呼吁全世界关注使用杀虫剂对环境造成的巨大危害。

进入美国鱼类及野生动物管理局工作后，蕾切尔·卡森那颗自然主义者的灵魂也随之从海洋走上了陆地，她准备重新回到那条艰难的、用写作来反对使用高污染农用化学品的道路上。由于她的环保意识与当时的时代大环境格格不入，卡森的努力并没能激起多少水花。不过，她听凭着这种自然的本能驱使，依旧在这条道路上砥砺前行。用卡森的话说，这是“一种需要我竭尽所能去履行的庄严义务”。她感人至深地揭示了化肥和农药的有害影响，开启了环保运动的新篇章。《寂静的春天》一书让许多人相信化学品（尤其是被称作“死亡灵药”的滴滴涕）正在破坏大自然的平衡，并在不断对野生动物特别是鸟类和鱼类造成严重的危害。卡森这样写道：“现在在农场、园地、森林和住宅中几乎普遍应用的喷雾剂、粉剂和气雾剂的杀伤力是无差别的，它们能杀死任何一种昆虫，无论这些昆虫是‘益虫’还是‘害虫’，它们甚至能让鸟儿停止鸣叫，使溪流中的青蛙不再跳动，使树叶披上一层致命的薄膜，并长期滞留在土壤里。而这一切原本可能仅仅是为了消除几根杂草或者杀灭几只小虫子。”

卡森认为，农业生产其实并不需要杀虫剂，只需要改变生产方式。一方面，农作物之所以变得更容易受虫害的影响，是由于农民们广泛采用了单一栽培；另一方面，这些害虫已经在很短的时间内产生了对杀虫剂的抗药性。因此，人们可以在不使用化学品的情况下，采取其他已有的抵御措施，将害虫造成的损失控制在一定范围之内。后来，卡森在谈到自己这本书时说道：“现在我可以相信，（在这件事上）我至少帮了一点小忙。”

咨询了公共卫生学、生态学和毒理学领域的专家后发表了一份公报，结论如下："禁用滴滴涕将给人类的健康带来灾难，生活在全球各个疟疾流行地区的大量人口将遭受地方性疟疾和流行性疟疾的可怕摧残。以我们目前的知识水平，还找不到任何禁用滴滴涕的理由。"但是，以环保名义进行的反对滴滴涕和化肥等化学品的运动却越来越多。滴滴涕及其代谢物的高持久性和生物累积性，使它在几个国际公约的淘汰名单上一直处于优先位置，也正因如此，人们一度在全世界范围内禁止了滴滴涕的使用。2001 年 5 月 22 日，由 151 个国家签署的《关于持久性有机污染物的斯德哥尔摩公约》正式通过，在这份公约列出的最有害物质的禁用清单（共计 12 种污染物）上，滴滴涕位列其中。此后，该清单上的持久性有机污染物种类又有数次增加。

"……它们能杀死任何一种昆虫，无论这些昆虫是'益虫'还是'害虫'，它们甚至能让鸟儿停止鸣叫……"

上图 "杀无赦！"一张美国农业部推广杀虫剂的海报，问世于 1943 年。

废弃物的世纪

在 20 世纪最后四分之一的时间里，技术进步和经济增长的同时，也伴随着废弃物数量的平行增长。发达国家消费最多，因此也是废物丢弃最多的国家。在各式各样的废弃物中，塑料不但在数量上是最多的，对环境也有着极大的危害。如何收集和处理塑料废弃物已经成为一个世界性的难题。世界上那些最先进的国家无限的消费能力和产生废弃物的能力，已经和地球上能够用来处理废弃物的有限资源产生了矛盾。

废弃物的管理

即便是在几个最先进的国家，那些采用了一定的废弃物管理手段、最大限度地降低了对环境影响的垃圾场中，问题也依然存在。1948 年，美国弗莱士河垃圾填埋场投入运营，临时充当纽约市的垃圾场，但这个“临时”垃圾场直到 2001 年才最终完全关闭。位于纽约斯塔滕岛的弗莱士河垃圾填埋场不仅曾经是世界上最大的垃圾填埋场，也一度是个棘手的难题，让周遭居民苦不堪言。

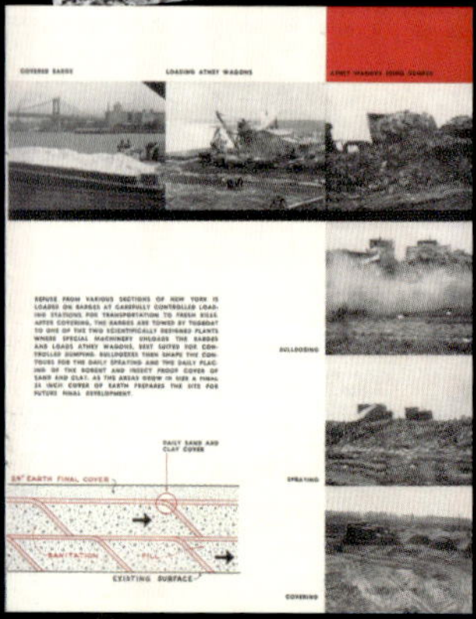

上图　1986—1987 年，弗莱士河垃圾填埋场每天都要接收 29 000 吨垃圾。

左图　关于弗莱士河垃圾填埋场废弃物处理的报告，发表于 1951 年。

右图　人们已经开始改造弗莱士河垃圾填埋场，预计在该垃圾场关闭 30 年后，这里会变成一个公园。

城市垃圾产生总量　　单位：千吨

国家和地区	1980 年	1985 年	1990 年	1995 年	2000 年
澳大利亚	10 000		12 000		13 200
德国			49 860	50 895	52 810
美国	137 570	149 190	186 170	193 870	216 865
欧盟 27 国				226 530	252 480
巴西					58 000
中国			67 670	106 710	118 190

数据来源：经济合作与发展组织

生活在垃圾堆里

在不少发展中国家，最弱势的人群会去垃圾堆翻找生活物资，甚至干脆就生活在垃圾堆里。数十年来，“冒烟山”一直是菲律宾马尼拉最大的垃圾场，它被如此称呼的原因是这里的垃圾经常发生自燃，垃圾在燃烧分解时，这个地方会冒起阵阵烟雾。1987 年，冒烟山的 200 万吨垃圾周围大约居住着 13 500 人，他们中大部分人都靠在垃圾堆里捡拾废品艰难过活。

左图　取自太平洋的水样中有大量塑料微粒。

太平洋垃圾大陆

1988 年，美国国家海洋和大气管理局预测，在太平洋各股洋流的共同作用下，洋流间会聚集起以小型塑料废弃物为主的巨量垃圾，形成一片“大陆”。没过几年，这个预言就被证实了，所谓的“太平洋垃圾大陆”也自此引起了国际社会的关注。这片“大陆”早已超过 100 万平方千米，它对环境的破坏性影响是实实在在、有目共睹的。

绿色革命

20 世纪 60 年代至 90 年代，在发展中国家，尤其是亚洲和拉丁美洲的发展中国家，农业生产实现了大幅增长。这就是以推广高产品种、使用单一栽培技术、加强灌溉和推广机械化作业等创新手段为基础的绿色革命。这场革命离不开化学——随着杀虫剂和化肥的大量使用，农作物的产量成倍增加，实现了为数百万人提供食物的目标。不过，尽管这场革命有望消除饥饿，但在推进的过程中也出现了一些非常严重的问题。

诺曼 · 博洛格——“头脑能力者”

人们尊称美国农业科学家诺曼 · 博洛格为“绿色革命之父”。他坚定地认为科学研究是提高粮食产量的唯一途径。在他的努力下，许多国家都实现了用科学手段来增加粮食产量，博洛格因此获得了 1970 年的诺贝尔和平奖。

世界粮食产量

在绿色革命的影响下，20 世纪下半叶世界粮食产量增长了近 2 倍。在人口增长的前提下，人均粮食产量也实现了增长。

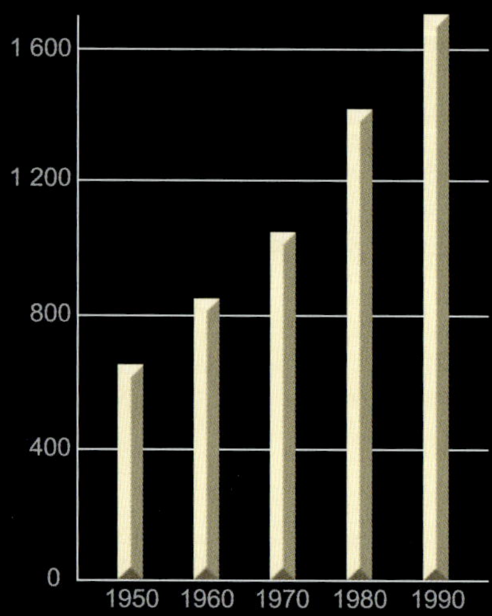

数据来源：美国农业部　　单位：百万吨

绿色革命的影响

农业生产从传统技术到现代技术的转型对南亚、东南亚和拉丁美洲各国（如印度、巴基斯坦、马来西亚、阿根廷和墨西哥）产生的影响尤为突出。相比之下，这种技术转变对非洲国家如南非、津巴布韦和肯尼亚的影响就稍微弱一些。水稻、玉米和小麦是在这场绿色革命中产量大幅提升的主要谷物。

滴滴涕的年代

在绿色革命的早期，人们广泛使用滴滴涕充当杀虫剂。然而，由于这种化学品对人类和动物健康的有害影响，自 1972 年起，许多国家都对其禁用了。1962 年，蕾切尔 · 卡森《寂静的春天》一书问世，引发了世人对滴滴涕的广泛抵制。

右图　1950 年，一位印度妇女正在接受一定剂量滴滴涕的喷撒，以预防疾病。

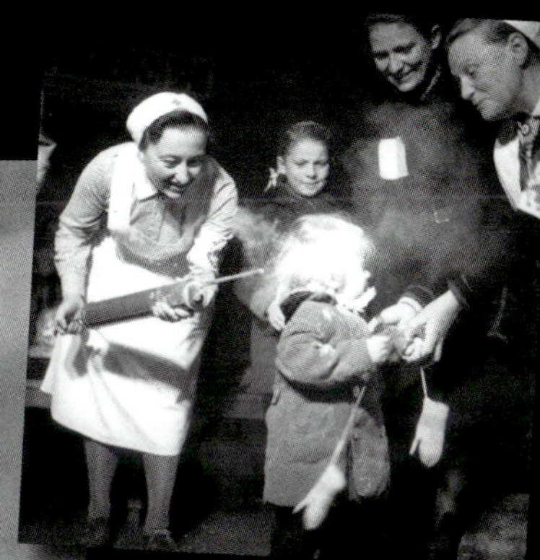

上图　滴滴涕也有其他用途。在 20 世纪的数十年里，它有效地遏制了疟疾——首次在欧洲和美国应用（成功根除了疟疾），然后逐渐推广至各个发展中国家。

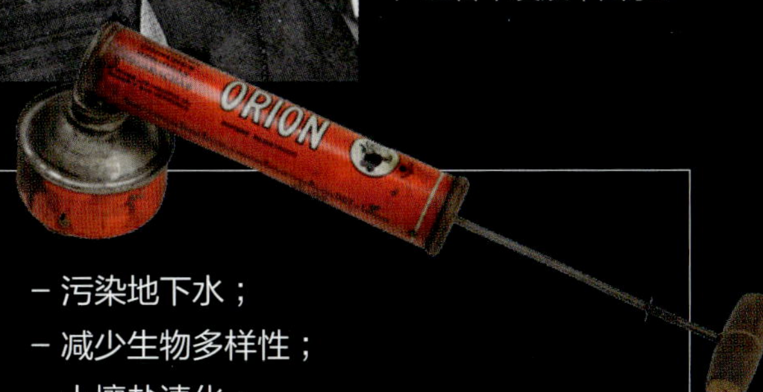

绿色革命的负面效应

- 增加了化肥、除草剂和杀虫剂的使用；
- 对水资源造成巨大压力；
- 必须每年购买新的种子；
- 维护是不可持续的；
- 污染地下水；
- 减少生物多样性；
- 土壤盐渍化；
- 长时间单一栽培以及排斥小规模种植者。

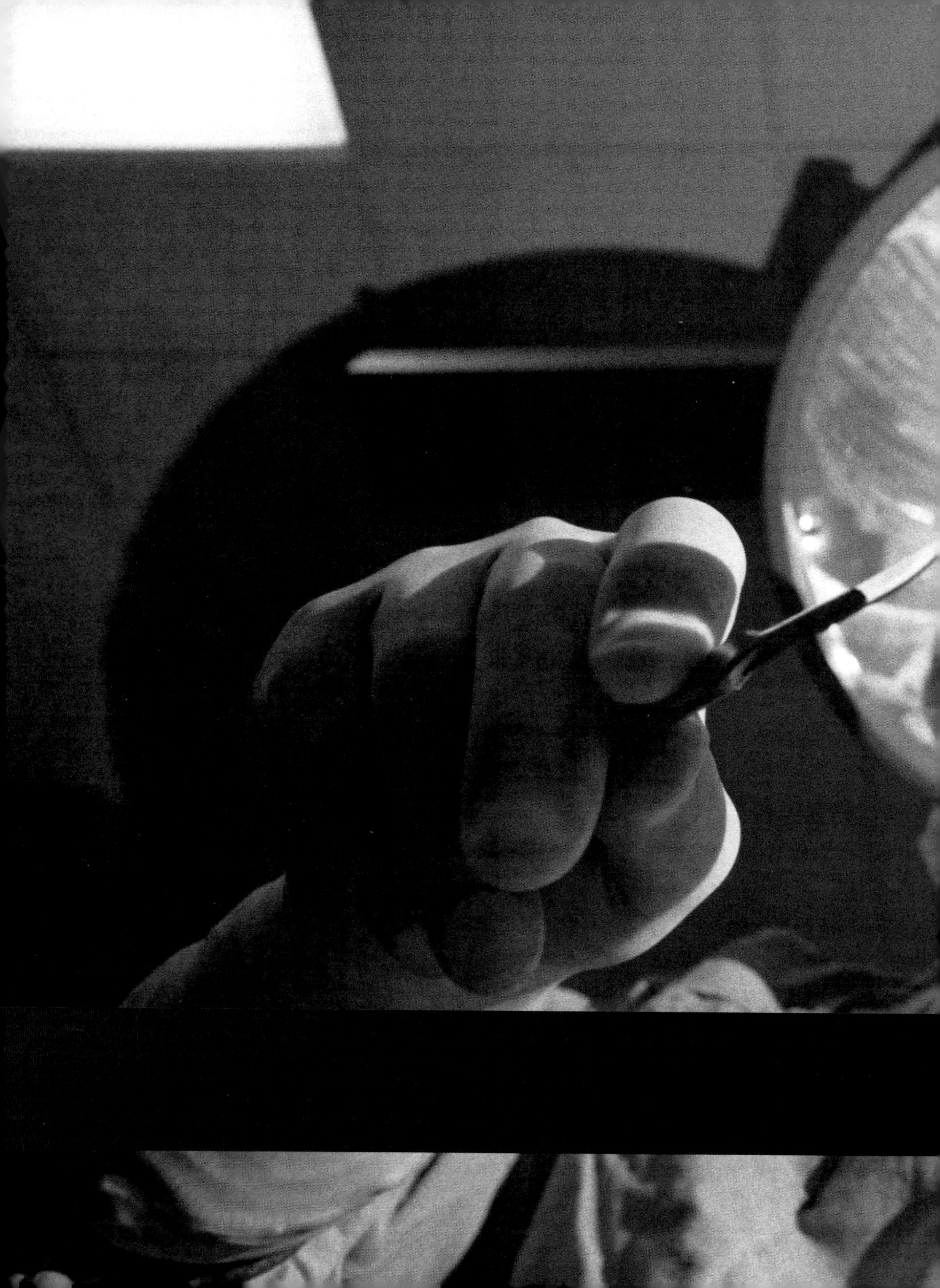

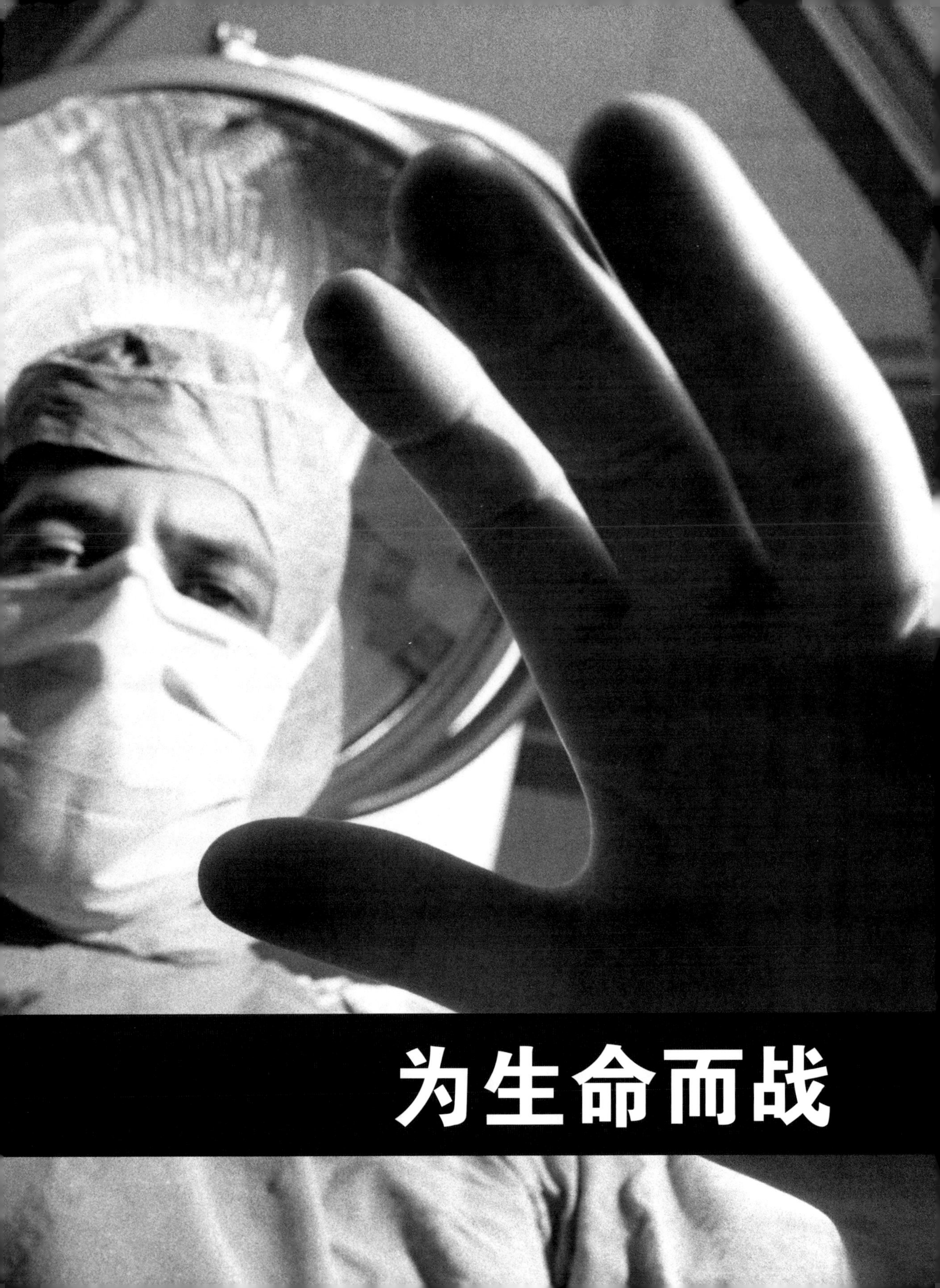

为生命而战

上图 《时代周刊》封面，主题为遗传学新知及其引发的问题。

第 72—73 页图 在 20 世纪，外科学已经细化为许多个分支学科。

20世纪的医学有两个基本目标，一个是寻求改善生活质量，另一个是与人类的过早死亡相斗争。基于此，世界卫生组织在1946年将健康定义为“不仅没有疾病和衰弱，而且生理、心理和社会功能处于完全和良好的状态”。从抗生素革命和基因工程到影像学和核医学，再到移植、植入和辅助生殖技术，医学的发展势不可当。生物医学通过将生物物理学、生物化学等学科的自然科学原理应用于临床实践，在科学界站稳了脚跟。基因工程为人类的永生之梦开启了大门，这种追求比以往任何时候都显得更加触手可及（永生之梦也值得用精神分析理论或认知心理学来进行分析）。2000年，人类基因组工作草图面世，这预示着在不久的将来，会出现针对不治之症或遗传病的疗法，可以弥补有缺陷的基因，或根据每个人的遗传密码开发出特定的药物。然而，医学技术的进步和药理学的新发现并没能惠及世界上的大多数人。

疫苗

尽管“疫苗接种”的概念早已有之，但直到20世纪，许多疫苗才被开发出来，这是医学中的关键性突破。20世纪的疫苗开发对于预防结核病、流行性感冒（流感）和脑膜炎等在当时具有高死亡率的疾病至关重要。图为1973年在布基纳法索进行的疫苗接种运动。

被尊称为“微生物学之父”的法国微生物学家、化学家路易·巴斯德发现，人类遭受的许多疾病都是由微生物导致的。他发明了巴氏消毒法（一种用低于100℃的热力杀灭微生物的消毒方法），开发了针对狂犬病等多种疾病的疫苗，并在1877年进行了史上首次抗生素实验。不过，“抗生素”这个名词是由美国微生物学家塞尔曼·瓦克斯曼在1945年发明的，他领导的实验室在1943年成功分离出了对结核杆菌极为有效的链霉素。目前许多抗生素都是化学合成的，它们已经成为治疗细菌性疾病中应用最广泛且最有效的药物。1928年，英国细菌学家亚历山大·弗莱明发现了青霉素，这是人类医学史上的重大里程碑。然而实际上，由于无法从青霉菌中提取足够的抗生素物质，青霉素的临床应用被搁置了10多年。

药物涌现

20世纪30年代中期，在青霉素和其他抗生素还未得到临床应用时，磺胺类药是相当常见的。磺胺类药指的是一类由磺胺衍生的化学物质，由于其抑菌作用强大，故被用于治疗各种传染病。1932年，在拜耳公司实验室工作的德国化学家约瑟夫·克拉勒和弗里茨·米奇合成了世界上第一种磺胺类药——百浪多息。同年，德国病理学家格哈德·多马克发现了百浪多息的抗菌效果，并于3年后在德国的一本医学杂志上发表了题为《细菌感染的化学疗法》的论文，介绍了这种磺胺类药的实验结果。

20世纪40年代，在弗莱明发现青霉素之后，德国生物化学家恩斯特·钱恩、澳大利亚药理学家霍华德·弗洛里和英国生物学家诺曼·希特利对其开展了进一步研究，他们通过大量系统的实验证明了青霉素对治疗

世纪见证人

亚历山大·弗莱明

为生命而研究。

英国细菌学家亚历山大·弗莱明（1881—1955）毕生工作于伦敦大学的圣玛丽医学院。1922年，弗莱明发现了溶菌酶，这是一种存在于眼泪中的蛋白质，对于细菌具有抑制作用。1928年，他又发现了青霉素。因为这项成就，他与澳大利亚药理学家霍华德·弗洛里和德国生物化学家恩斯特·钱恩一起获得了1945年的诺贝尔生理学或医学奖。1929年7月，他在《英国实验病理学杂志》上发表了一篇论文，公布了自己对青霉素的研究成果。弗莱明的实验显示，青霉素的抗菌能力优于苯酚之类的防腐剂。但是，青霉素并没有立即成为对抗细菌的首选药物，主要原因在于它的纯化工艺达不到要求——对于当时的化学工艺来说，青霉素的纯化过程过于复杂。因此，青霉素在那时的应用仅仅局限于实验室的方寸之地。青霉素的发现标志着抗生素时代的到来。有趣的是，弗莱明本人写道："青霉素可以治愈疾病，西班牙雪利酒却能令人起死回生。"

上图　一位纽约的药剂师在他的药店宣布提供青霉素，摄于1945年。

细菌感染的作用，并进行了首次临床试验。下一个进步自然是青霉素的工业化生产，自此以后，这种药物治愈了许多曾经致命的感染性疾病，成为人们心中的奇药。现在的抗生素种类很多，有对多种细菌有效的广谱抗生素，也有只对特定菌属有效的窄谱抗生素（如针对结核杆菌的链霉素）。由于细菌会产生耐药性，人们不断寻找着新的抗生素。在治疗某些感染如医院感染时，细菌的耐药性已经成了一个严重的问题。

到了 20 世纪 50 年代，制药业开始发力，药物研发领域被注入越来越多的资金。德国、比利时、英国、法国、瑞典和瑞士的实验室为市场带来了新的抗生素、抗组胺药（用于治疗荨麻疹或花粉症）以及镇痛药、安眠药、麻醉剂。其中最引人注目的是对阿司匹林的持续研究——阿司匹林是乙酰水杨酸的商标名称。1897 年，德国化学家费利克斯·霍夫曼合成了高纯度的乙酰水杨酸，这种药物在后来不断被开发出新用途，甚至被誉为“万能药”，它不仅对感冒和偏头痛有效，也对预防心脏病和中风有效。除了阿司匹林以外，布洛芬和扑热息痛（对乙酰氨基酚）等也是药店常见的消炎镇痛药，它们在工业化国家的销量激增，甚至出现了过量使用的情况。然而，当时世界上的大多数人却根本无法买到这些药物，更遑论用它们来缓解中度乃至重度的疼痛。

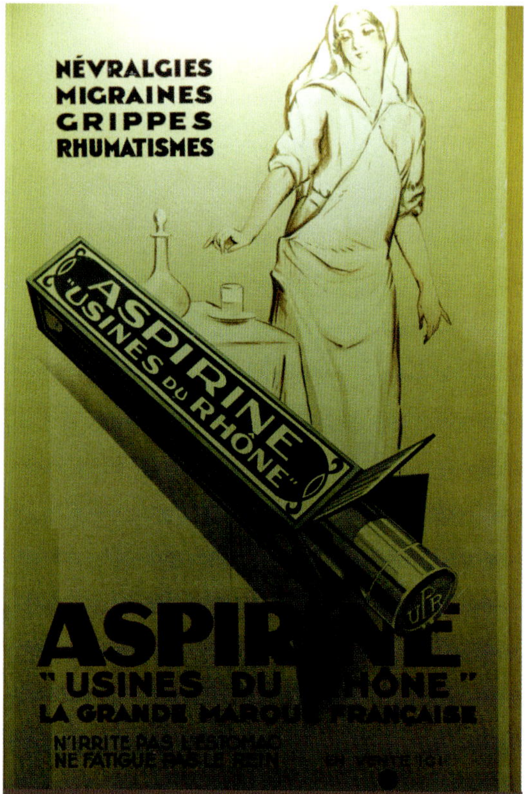

法国广告海报“镇痛药之王”

阿司匹林超越其他药物，成为 20 世纪使用最广泛的镇痛药。

移植、植入和核医学

移植是指将自体或异体的正常细胞、组织或器官从它所在的位置转移至另一位置，是临床治疗多种终末期疾病的有效手段。1905 年，奥地利眼科医生爱德华·齐姆完成了史上第一次成功的人体全层角膜移植手术，术后 1 年多，受体（接受移植物的个体）通过移植得来的角膜依然透明。不过早在 1901 年，人类就发现了血型的存在，这促进了输血技术的发展，输血可以算是早期的人体之间的组织移植。直到 1954 年，美国外科医生才在波士顿成功进行了第一例同卵双胞胎之间的肾移植，而到了 1963 年，肝和肺的移植手术才成为现实。1967 年 12 月 3 日，南非心脏外科医生克里斯蒂安・巴纳德进行了世界上第一例心脏移植手术并因此享誉全球，患者接受移植后存活了 18 天。现在，由于器官捐献项目以及组织器官库的存在，移植已经成为一种可行的治疗选择。

植入也在健康领域发挥了巨大作用。事实上，这些为了改善人体的某些功能或是出于美学目的而放置在人体中的零件、假体或其他物体，已经彻底改变了 20 世纪下半叶。1952 年，医生第一次将有机玻璃制成的人工晶状体植入白内障患者的眼睛。1955 年，世界上第一次二尖瓣置换手术由英国外科医生贾德森・切斯特曼在没有借助体外循环的条件下进行。1958 年，瑞典外科医生奥克・森宁为患者植入了第一台完整的心脏起搏器。1982 年，美国医生威廉・德弗里斯为一位名叫巴尼・克拉克的 61 岁患者进行了世界上第一次人工心脏植入手术。术后，患者存活了 112 天。手术中使用的人工心脏由美国外科医生罗伯特・贾维克制造。现今的植入物种类繁多：从整形外科的相关植入物（如乳房假体和修整耳垂、鼻子等所用的假体）到满足人体主要机能的植入物（如人工血管、人工关节、肌电假手、人工听小骨、植入型除颤器、膀胱起搏器、人工括约肌），再到骨科所使用的颅骨修复体、纯钛义齿、聚合物下颌骨、接骨板、髓内针和螺钉等配件，应有尽有。

20 世纪的另一项极为重要的科学进步就是核医学的发展。借助扫描仪、磁共振成像和计算机断层扫描术（CT），核医学已成为对肿瘤、心脏病和神经系统疾病进行早期诊断时广为使用的方法，其准确性也日益增加。此外，一些疾病的治疗过程中也会用到核医学。虽然多数人将“核”直接与癌症或核电站联系在一起，但就像其他形式的能量一样，核能也可以用于修理和建造。这一医学分支大约 90% 的用途为疾病诊断，而大约 10% 为疾病治疗。

基因工程

1953 年，美国生物学家詹姆斯・沃森和英国生物学家弗朗西斯・克里克合作提出了 DNA 分子的双螺旋结构模型。DNA 中包含了生命存在的所有必要指令，也是遗传的关键。因为这项重要的发现，他们于 1962 年获得了诺贝尔生理学或医学奖。这项发现标志着 20 世纪生物学研究方法的全面改变，并开启了在分子基础上理解遗传信息的

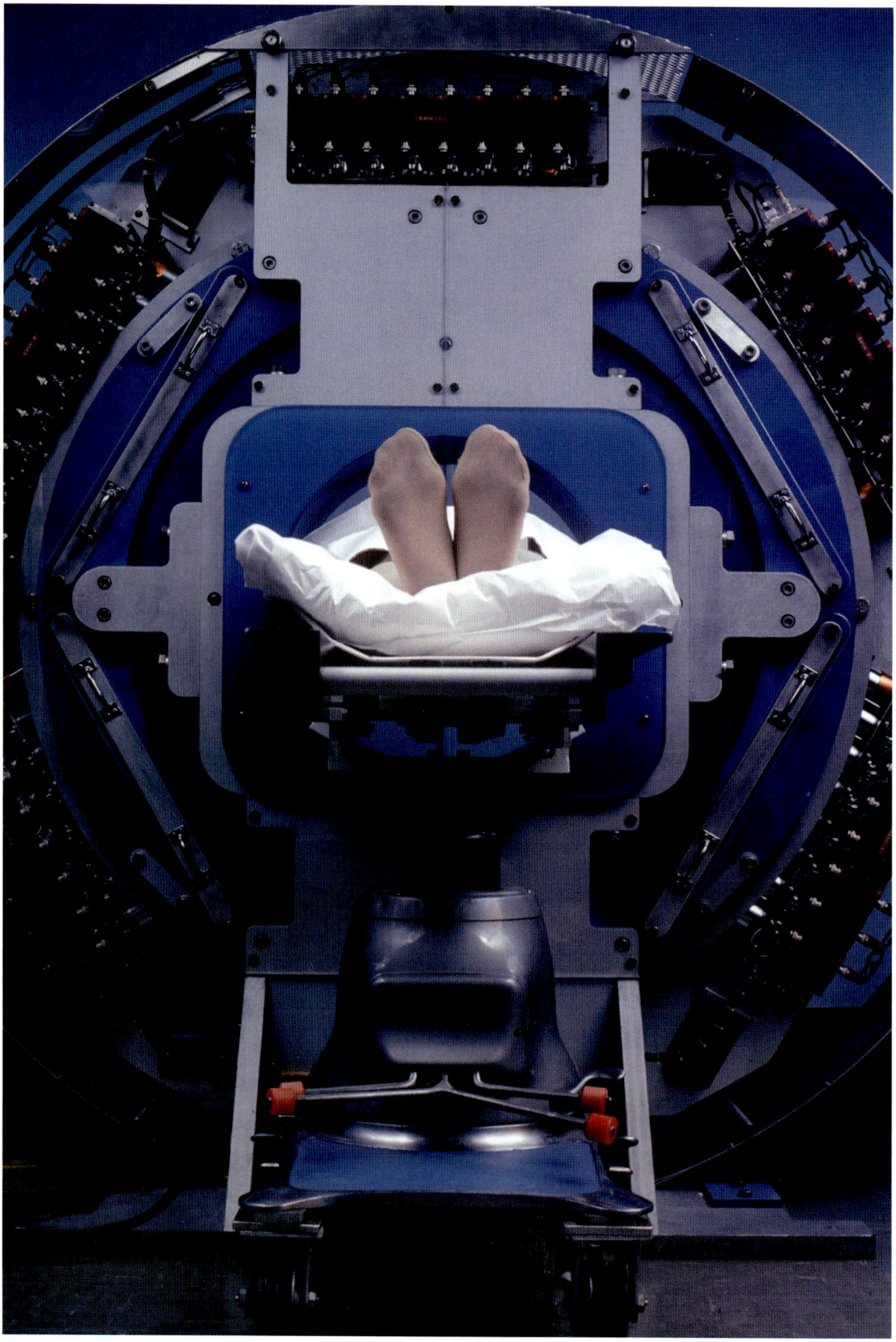

左页图 在美国纽约州布鲁克海文国家实验室进行的计算机断层扫描术，摄于1977年。

大门。毫无疑问，这是生物技术革命和生物医学革命的基础。了解了DNA，才能够发展出遗传学诊疗的方法以及动植物转基因技术，不过也因此产生了人类基因专利权和人类基因选择这样的伦理问题。1955年，西班牙生物化学家塞韦罗·奥乔亚合成了核糖核酸（RNA），这种分子是实现DNA遗传信息转录、进而合成蛋白质的关键，他因此于1959年获得了诺贝尔生理学或医学奖。

1972年，基因工程迈出了重要的第一步。美国生物化学家保罗·伯格开发了重组DNA技术。此前，他的同事斯坦利·科恩和赫伯特·博耶首次成功地将遗传物质从一种生物移植到了另一种生物，这给了伯格决定性的激励。1976年，美国基因泰克公司（Genentech，也称美国基因工程技术公司）成立。这是第一家致力于开发和销售基于重组DNA技术的药物的生物技术公司。

基因工程的进展一日千里，转基因食品（第一种是1987年的转基因番茄）和用于科学实验的转基因动物很快便出现了。1996年，著名的绵羊多莉诞生在英国。这是第一只用成年动物体细胞克隆的哺乳动物。2年后，多莉生下一只名为邦妮的小羊。绵羊多

绿色和平组织说“不”

1999年，绿色和平组织（Greenpeace）成员头戴绵羊多莉外观的头套，齐聚在位于德国慕尼黑的欧洲专利局门前表示抗议。绿色和平组织反对制药公司获得任何关于生命的专利权，认为不管是人类胚胎、人体器官还是其他生命体和基因，都不应属于这些公司。

世纪见证人

丽塔 · 莱维 – 蒙塔尔奇尼

意大利神经学家丽塔 · 莱维 – 蒙塔尔奇尼（1909—2012）出生于都灵的一个塞法迪犹太人家庭。她认为，生与死是一回事。1986 年，因为在研究神经元生长方面的成就，她与斯坦利 · 科恩共同获得了诺贝尔生理学或医学奖，成就了自己的不朽。她是一位坚定的独身主义者和决绝的女权主义斗士，并在 2001 年被意大利总统提名为终身参议员。她始终认为，应该用大脑的左半球思考，并认为“我是我自己的丈夫”。

莱维 – 蒙塔尔奇尼希望调和两项人们认为不可兼顾的愿望：生活中的完美与工作中的完美。但无论是在生活中还是在工作上，不完美在所难免，因为人类的天性就是不完美的。她的工作和生活也不例外。1930 年，她考入都灵大学医学院，“全身心地投入研究，这已经成为我存在的理由”。在读期间，她担任了著名解剖组织学专家朱塞佩 · 莱维的助手。后来，法西斯主义兴起，意大利颁布了种族法。在这个充满种族歧视的艰难时期，她不得不在自己家中建立了一个实验室。第二次世界大战结束后，她前往美国，在华盛顿大学工作了 30 年。在那里，她与生物化学家斯坦利 · 科恩合作，分离出一种能促使神经元生长的因子，并确定这种因子是一种蛋白质，这种后来被称作“神经生长因子”的物质的发现让她获得了诺贝尔奖。

“重要的是我们生活的方式和向他人传递的信息，那是比我们的个体生命更长久的东西。”

上图　意大利总统乔治 · 纳波利塔诺为丽塔 · 莱维 – 蒙塔尔奇尼庆祝生日。

这位意大利神经学家表示，在大脑的两个半球中，一个的发育程度劣于另一个。她将人类生活中的巨大不幸归咎于大脑的右半球。她这样说道："这是本能的一部分，它促使南方古猿从树上下来，同时也解救了它们。我们大脑的这一区域发育程度较低，却格外吸引独裁者，因为他们希望大众因为使用大脑的这一区域而追随自己。人类的所有悲剧都源于那个不信任另一半的大脑半球。"她警告说："大脑中这一古老的区域支配着真正的理性。因此，我们必须保持警惕。甚至今天也可能是人类的终结。在所有的重大悲剧中，都可以发现低级的本能掩盖了智慧和理性。"不过，至少她也留下了一些生活秘诀："平静地生活，始终用左脑思考。"1988 年，她的自传《不完美的赞歌》出版，在这本书中不乏至理名言："重要的是我们生活的方式和向他人传递的信息，那是比我们的个体生命更长久的东西。"

莉的存在直到 1997 年才被公之于众，继而引发了关于此类实验的伦理学的激烈辩论，以及关于即将克隆人类胚胎的恐惧。

1990 年，人类基因组计划正式启动，来自 18 个国家的 20 个公共机构参与其中，共同研究据估计有 10 万个之多的人类基因的遗传图谱和物理图谱。这些基因中的一小部分便可导致多达 4 000 种遗传病，一旦人类基因组计划确定所有 DNA 的核苷酸序列并将信息储存在数据库中，基因疗法的大门也将自此打开。在 24 条代表人类物种特征的染色体（22 条常染色体和 X、Y 这 2 条性染色体）中，在 1999 年 12 月初首先公开分析结果的是第 22 号染色体。这一成果提供了理解基因组工作机制的新视角：染色体比以前人们想象的要复杂得多。

2003 年，即人类基因组工作草图发布的 3 年后，人类基因组计划宣布已完全解码人类 DNA。人类基因组完整图谱中的序列显示，基因的数目不超过 3 万个，比预估的数量少了 7 万多个。科学界称赞该项目的成果是对人类知识的根本性贡献，并认为它将带来革命性的进步。

弗洛伊德与“潜意识”理论

“精神分析学之父”西格蒙德·弗洛伊德出生于奥地利的一个犹太人家庭。1900 年，他的代表作《梦的解析》出版。在书中，他根据自己对潜意识冲动和欲望的解释分析了梦境，还对人格进行了新的划分，即本我、自我和超我。纳粹统治时期，他的著作遭到焚毁。1938 年，他离开维也纳，前往伦敦。虽然弗洛伊德的方法存在争议，但他在精神病学和心理学研究中的地位无可动摇。不仅如此，他还为大众理解人格提供了新的路径。

“理智的声音是柔和的，但它在被听到之前决不会停歇。”

——《一个幻觉的未来》，1927 年

“人类取得了何等进步。要是在中世纪，他们会烧死我。现在，仅仅烧掉我的书他们就满足了。”

——给欧内斯特·琼斯的信，1933 年

“孩童耀眼的智力和平庸成人的孱弱头脑之间的对比多么令人痛苦。”

——《精神分析引论》，1916—1917 年

“上帝本质上不过是一位被崇高化的父亲。”

——《图腾与禁忌》，1913 年

“大多数人实际上并不想要自由，因为自由包含了责任，而大多数人都畏惧责任。”

——《文明与缺憾》，1930 年

“对于一个每时每刻都在为增进对神经症的理解而奋斗的医生来说，不知道自己是患有轻微的抑郁症还是疑病症，这实在是太令人痛苦了。”

——给威廉 · 弗利斯的信，1894 年

“宗教的教条……都是幻想，它们不承认事实证据。没有人有义务把它们当成真的或信仰它们。”

——《一个幻觉的未来》，1927 年

“自我代表人们所说的理性和理智，与蕴含着激情的本我形成对比。”

——《自我与本我》，1923 年

实验室中的尤金·史密斯

美国摄影记者威廉·尤金·史密斯与科学建立了广泛的联系并取得了丰富的成果。他在动物实验方面的相关报道曾引起了很多人的关注。他在1949年拍摄的这组照片名为《没有宝石的生命》，拍摄地点是美国印第安纳州圣母大学的细菌学实验室。同年，在史密斯第二次受雇于美国《生活》杂志期间，这篇报道也发表在这一刊物上。史密斯具有强烈的社会责任感和鲜明的政治立场，这一点众所周知也毋庸置疑，不过他的初心只是想把当时鲜为人知的现实介绍给广大公众。

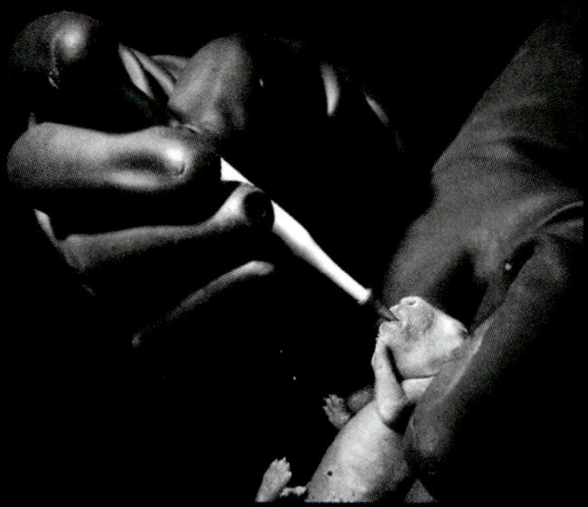

威廉·尤金·史密斯

（1918—1978）

他曾为美国《新闻周刊》和《生活》等顶级杂志工作，并于1955年加入玛格南图片社。在《生活》杂志工作时，他为“专题摄影”概念的诞生做出了决定性的贡献，这种体裁后来成为该杂志的标志。

52
50

媒体这样看

克隆绵羊多莉

1996 年 7 月 5 日，在英国爱丁堡的罗斯林研究所，绵羊多莉诞生了。这是第一只用成年动物的体细胞克隆的哺乳动物，是研究人员伊恩·威尔穆特和基思·坎贝尔的合作成果。但是，直到 7 个多月后，这件事才向外界公布。1997 年 2 月 27 日，负责该项目的科学家的论文正式发表在《自然》杂志上。然而，在此 4 天前的 2 月 23 日，这一消息已经泄露到了《观察家报》，这立即轰动了整个英国媒体圈。而在 2003 年多莉早逝时，媒体的反响则小得多。

官方版本

《自然》，1997 年 2 月 27 日刊

“一群克隆动物”

《自然》与《科学》两本杂志是全球科学期刊领域的领头羊。两位研究者伊恩·威尔穆特和基思·坎贝尔将他们成功的基因工程实验的细节记录于一篇文章中，并将其发表在《自然》杂志上。该消息被提前泄露后，整个科学界都翘首以待。

科学期刊一直是向社会公布重大科学发现的平台，普通媒体总是可以从中汲取养料。

《世界报》，1997 年 2 月 25 日刊

“研究人员已成功克隆了一只成年哺乳动物”

这份法国报纸强调，这是科学在操纵生物方面的历史性时刻。此外，《世界报》还采访了法国遗传学家、作家阿克塞尔·卡恩，以便使读者在新闻风暴中理清概念。

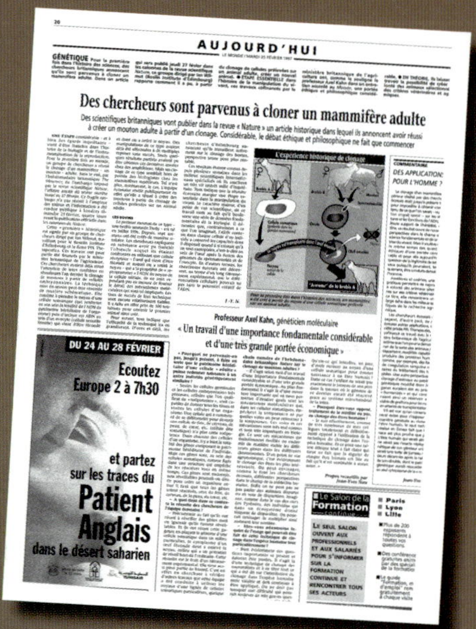

《纽约时报》，1997 年 2 月 23 日刊

“史上首次克隆成年哺乳动物”

美国的《纽约时报》以极快的反应速度，于 2 月 23 日发布了这一消息。在头版的一个专栏中，该报纸介绍了克隆对于医学领域的价值，也表达了对科学进步可能被滥用的担忧。

◀《晚邮报》, 1997 年 2 月 24 日刊

“克林顿：永不克隆人”

这份来自意大利米兰的日报强调了美国总统的道德立场。《晚邮报》对私立实验室的研究发出了警告。“世界第一大国”总统的表态是一个清楚的信号，表明克隆人的道路“前方不通”。

《信使报》, 1997 年 2 月 27 日刊 ▶

“罗马教廷严令禁止”

智利《信使报》关注的核心始终是道德问题。因此，在克隆的消息传出几天后，它就重申了《罗马观察报》的观点，提议设立一部禁止将克隆应用于人类的法律。

◀《太阳报》, 1997 年 2 月 24 日刊

“克隆冲击”

这份风趣的英国小报“克隆”了自己当期的封面，以呼应这头克隆羊的出生，还为故事的主角多莉提供了特写镜头。但更关键的是，这份报纸评估了利用成年绵羊乳腺细胞进行克隆的重要性。

《时代报》, 1997 年 2 月 26 日刊 ▶

“让世界不安的羔羊”

哥伦比亚波哥大的《时代报》在其国际版的醒目位置刊登了多莉的新闻。除了关于这头克隆绵羊的大量信息和图片外，这份报纸还收集了科学、政治和神学领域不同人士对此事的反应。

通信与生活质量

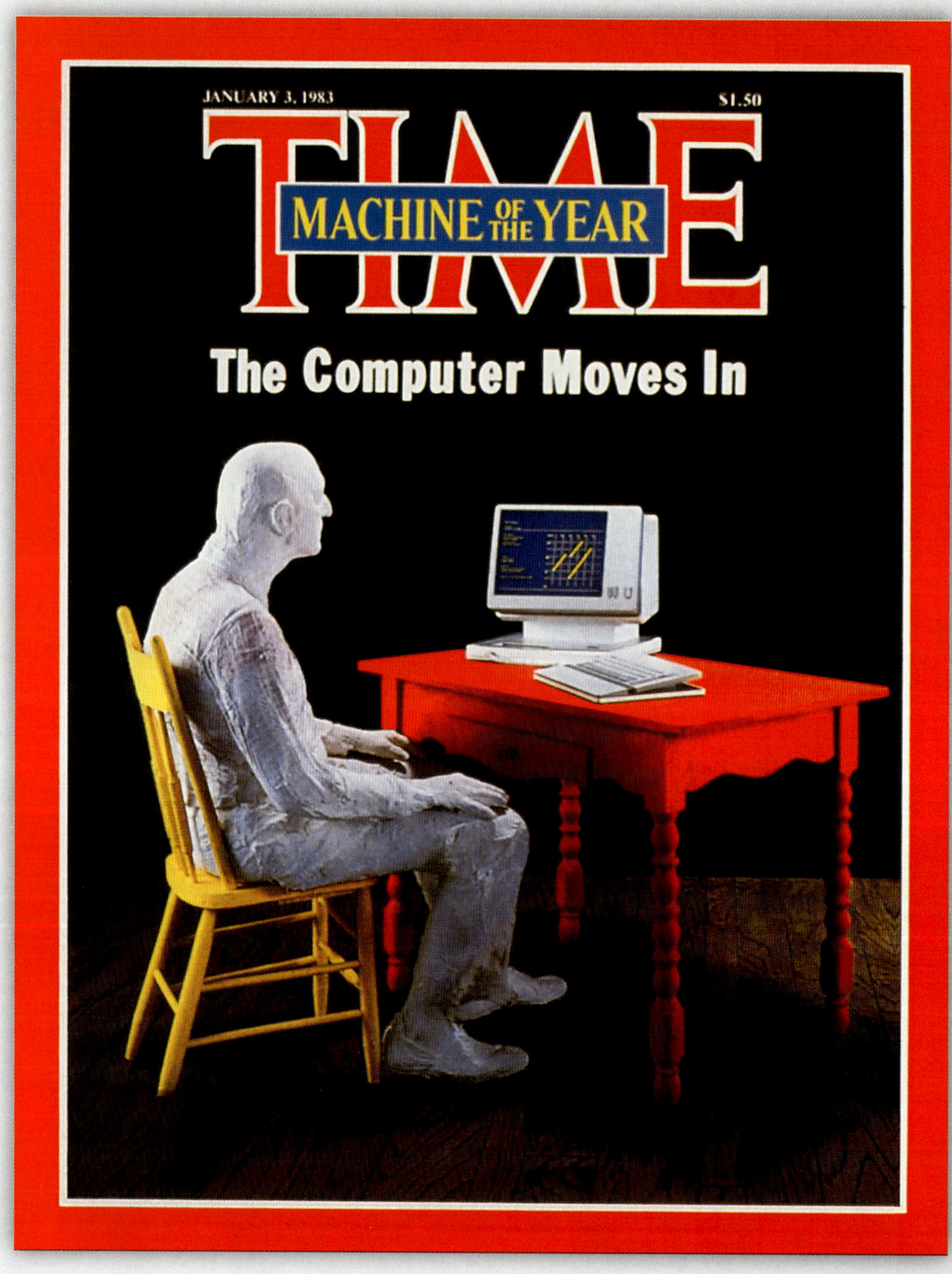

上图 《时代周刊》封面，专门介绍“年度机器”——个人计算机，以及它在家庭中的大规模使用。

第 90—91 页图 在 1950 年，一个北美家庭正在看电视。

与电子有关的科技进步产生了多方面的影响。家用电器显著地提高了日常生活的质量，使家庭成员的生活方式发生了根本性的变化。随着19世纪30年代电报的发明，通信技术开始迅速发展。电报的第一批客户是铁路公司，但此后，声音、图像和思想的传播对个人生活和集体生活都产生了决定性的影响。广播、电影、电话、电视和计算机成为“地球村”20世纪的象征，大众媒体的网络牢牢地掌控着工业化社会。文化部门，或者说文化、传媒、创意或内容产业，其产品与服务成为大众消费的对象，同时，这个产业清楚地显示了其作为经济资源和身份认同及社会凝聚力来源的双重作用。人类面临的挑战是，如何使通信和信息流及其技术设备与每个消费者的生活质量相协调。其中的两个关键点是信息消费和智能家居产品的出现，它们与新的信息技术紧密相连。集成技术在家庭中的应用很快就能对家庭领域的风俗习惯产生影响。

1837年，美国画家、发明家塞缪尔·莫尔斯在纽约展示了他制成的单线电磁式电报机。1876年，出生于苏格兰的美国发明家亚历山大·格雷厄姆·贝尔发明了电话，从而开启了远程传播世界实况的新天地。之后出现的无线电报则无须在站点之间使用导体，仅通过收发电磁波就能传递信号，这标志着无线电媒介的兴起。德国物理学家海因里希·赫兹在1887年首先用实验证实了电磁波的存在。此前，在1864年，英国科学家詹姆斯·克拉克·麦克斯韦已在理论上建立了关于电磁波的方程组。赫兹在其关于"波长非常长的光线"的实验中进行了如下描述："在我看来，实验消除了关于光、热辐射与电波运动三者同一性的所有质疑。我相信，从现在开始，无论是在光学还是电学研究中，我们都更有信心利用这一本质发挥更大的作用。"为了纪念他，频率的计量单位以"赫兹"命名。

无线电波的传播

1894年，年轻的意大利工程师古列尔莫·马可尼开始用赫兹所证实的电磁波进行电报通信的试验。后来，为了给试验寻找资金和支持，马可尼不得不前往英国。1901

下图 小号手路易斯·阿姆斯特朗和长号手杰克·蒂加登一同站在美国广播公司的麦克风前，摄于1948年。

世纪见证人

菲洛·法恩斯沃思

被遗忘的科学巨人

如果对一个出生在没有电的木屋里并且直到 11 岁都不知道电的存在的人说，他将在 1927 年发明一种基于二次电子发射现象的新型冷阴极荧光灯管，那听起来就像是开了个拙劣的玩笑。但是，这对菲洛·法恩斯沃思（1906—1971）来说却是一项事实。法恩斯沃思出生在美国犹他州一个农场的摩门教徒家庭。1935 年，第一家定期电视图像服务公司在德国柏林开业，法恩斯沃思的专利产品——高真空电子管得到了高度认可。但在此前的 1932 年，美国无线电公司便开始模仿法恩斯沃思的设计，批量生产电视，并且这家公司的总裁戴维·萨尔诺夫甚至将这项发明归功于该公司的工程师弗拉基米尔·兹沃里金。这位原籍俄罗斯的美国大亨利用法律手段与菲洛·法恩斯沃思争夺电视发明权。最终，法院做出了对法恩斯沃思有利的裁决，但他此时已身无分文、郁郁寡欢、酗酒成性。1947 年，这些专利进入公有领域。对于这个在电视发明中起到决定性作用却寂寂无名的人来说，这段经历实在是个天大的笑话。

上图　在美国印第安纳州，一群妇女正在制造米罗华电视机，摄于 1948 年。

年 12 月 12 日，他在英国进行了史上第一次跨越大西洋的无线信号传送，这次传送是单向的。由于对无线电报的贡献，马可尼于 1909 年被授予诺贝尔物理学奖。1906 年 1 月，加拿大电气工程师雷金纳德·费森登利用大功率旋转火花隙发射机，首次实现了具有发送和接收两个方向的跨大西洋信号传输，并在美国的布兰特洛克站和英国的另一个类似的站点之间交换了信息。同年 12 月 24 日，他使用新的收发器进行了第一次无线电广播。在广播中，他用小提琴演奏了歌曲《圣善夜》，并朗读了《圣经》中的一段话。

硅以及方铅矿（硫化铅）等材料的发现，促进了广播事业的发展。这些材料使得探测电磁波更加容易，还可以放大这些电磁波，同时控制音量。1907年，美国工程师李·德福雷斯特获得了三极管的专利。这是一种内有三个电极的热离子阀，可以用来制造能够调制声音信号以及无线电波的放大器，还可以用来制造振荡器以及用于无线电接收机的复杂电路。直到后来晶体管出现时，三极管才逐渐退出历史舞台[1]。1915年，人们借助三极管将人类的声音从美国弗吉尼亚州的一个广播站送往大西洋彼岸，到达位于巴黎埃菲尔铁塔上的接收器。第一次世界大战期间，无线电通信装备不仅成为军队的必需品，也成为政府用于宣传活动的工具。1920年，出现了第一批广播节目，那时的听众使用的是矿石收音机，必须搭配耳机才能进行收听。世界上第一座广播电台是美国匹兹堡的KDKA电台，而娱乐方面的先驱则是阿根廷广播协会，该协会于1920年8月27日从布宜诺斯艾利斯的科利索剧院（Coliseo Theatre）的露台上直播了瓦格纳的歌剧《帕西法尔》。以文字和印刷为标志的古腾堡时代似乎即将结束，而在马可尼开辟的新时代，我们将在短波、中波和长波通信间遨游。

[1] 三极管（triode）是一种由阳极、阴极与栅极组成的真空电子管，因为有三个极，故名三极管，是早期的电压控制型器件。在同样有三个电极的晶体管（transistor）出现后，三极管多被称为真空三极管以避免混淆。

声音与图像进入千家万户

电视是20世纪最受关注的发明之一。1884年，德国工程师保罗·尼普科夫为一个能够将图像分解为光点（像素）的系统申请了专利。1897年，另一位德国物理学家费迪南德·布劳恩发明了阴极射线管。在这两项技术进步的基础上，弗拉基米尔·兹沃里金于1923年设计了第一支能够重现运动图像的电视显像管，因此他也一度被誉为“电视之父”（事实上这一称号伴随许多纠纷，约翰·洛吉·贝尔德也被许多人尊称为“电视之父”）。1934年，他发明了光电摄像管，这是一种能将发光的图像转换为电磁信号从而进行传输的阴极射线管。直到1946年，这种装置一直被用于美国使用最广泛的电视摄像机。而早在1926年，英国物理学家约翰·洛吉·贝尔德就已在英国进行了首次试验性的定期电视广播。他的装置以尼普科夫设计的低清晰度系统为基础。3年后，他在英国广播公司（BBC）的演播室推出了每天半小时的广播节目。

最早的电视与如今截然不同，它的接收器体积非常大，而屏幕面积却非常小，其尺寸（对角线长度）只有大约12厘米。后来，用于保护管线和电路中其他部件的外壳越来越小，屏幕也越来越大。自20世纪60年代起，晶体管逐渐取代电子管，立体声出现，通信卫星开始发送和接受越洋图像。1979 年，第一台液晶平板电视接收机在日本问世。新一代电视摄像机采用了图像处理集成电路，能够对图像进行编码并将其转换为电信号。高清晰度电视、有线电视、带有点播和付费服务的数字终端等纷纷面世，电视技术的进展层出不穷。

晶体管革命

1947 年诞生的晶体管宣告了一场伟大的电子革命。晶体管是一种半导体器件，用于调制或放大电流。晶体管具有许多优点：不需要电流预热，体积更小，稳定性强，可以在低电压下工作，并且还可以承受相对强烈的电流。因此，它替代了电子管（热离子阀、真空管）。1956 年，美国科学家沃尔特·布拉顿、约翰·巴丁和威廉·肖克利因在半导体领域的研究以及对晶体管发明的贡献而共同获得了诺贝尔物理学奖。这一发明对于无线电和电话行业至关重要，并将开创电子设备的新时代。

实际上，晶体管一开始是由锗制成的，后来改用硅作为制造材料。我们日常生活中所有的电子设备，无论是收音机、电子钟，还是电视、计算机，都离不开它。晶体管的三位发明者都工作于贝尔实验室，因此他们应用晶体管进行的第一项工作就是改造电话设备。后来，晶体管也被用于助听器和无线电接收机的制造。因此，便携式无线电接收设备也被称为“半导体”。晶体管结构紧凑、易于制造且价格低廉，是公认的电子奇迹。1954 年，美国国际商业机器公司宣布在其所有新产品中使用晶体管。1961 年，来自美国的杰克·基尔比和罗伯特·诺伊斯发明了集成电路（芯片[1]）。利用芯片，计算机和其他电子设备可以同时执行多种任务。因为这一发明，他们在 2000 年被授予诺贝尔物理学奖。

个人计算机的出现引发了另一场革命。1944 年，第一台拥有存储器并且可编程的计算机马克 1 号交付使用。1973 年 9 月 8 日，人类历史上第一台个人计算机 MCM/70 问世。它被认为是领先于时代的微型计算机，因为它在一个单一的外壳内集成了所有必要的操作元素：微处理器、存储器、显示器、键盘和一个作为外部存储设备的磁带机。这台微型计算机看起来就像是一个带有计算机屏幕的打字机。它采用的是英特尔 8008 微处理器和内存只有 2KB（KB 代表千字节）但可扩展到 8KB 的随机存储器（RAM）。随着美国台式计算机市场的发展，加利福尼亚州苹果公司的创建者——史蒂夫·乔布斯

[1] 可以根据一个芯片上集成的微电子器件的数量将其分为小型集成电路、中型集成电路、大规模集成电路、超大规模集成电路等。——编注

上图　美国国际商业机器公司使用的集成电路的细节，由埃里希·哈特曼摄于1982年。

和斯蒂芬·沃兹尼亚克，在1976年推动计算机行业实现了巨大飞跃，这全都体现在Apple II型计算机上——它不仅在设计方面

富有吸引力，而且便于使用。

计算机的历史可以分为多代，且从未停止前进：1981 年，出现了 3.5 英寸（8.9 厘米）便携式软盘；1983 年，出现了光学机械式鼠标；1985 年，出现了适用于个人计算机的 Windows 操作系统（亦称视窗操作系统）；1991 年，第一台商业上可用的、配置彩色 TFT（薄膜晶体管）显示屏的笔记本计算机诞生了；20 世纪末，互联网的发展成为近代的革命性突破。

伟大的沟通网络

20 世纪 80 年代末，万维网（World Wide Web，WWW）诞生于瑞士日内瓦的欧洲核子研究中心。当时，英国计算机科学家蒂姆·伯纳斯·李利用“随机关联”方法开发了一个程序，用于存储和检索信息，这就是万维网的雏形。后来他为自己的程序撰写了超文本标记语言（HTML），并与计算机上的文件互相连接。他还制定了一个寻址方案，给每个网页一个独特的位置——统一资源定位符（URL）。此后，伯纳斯·李还引入了一系列规则，如超文本传送协议（HTTP），以便在万维网上传送信息。自 1991 年起，互联网用户可以免费访问世界各地的网页。

1994 年，伯纳斯·李来到麻省理工学院工作。在那里，他领导创建了万维网联盟（World Wide Web Consortium，W3C），负责发布关于互联网的技术建议并制定协议，以保证互联网的互操作性。毫无疑问，万维网以无与伦比的速度改变了我们的生活。

计算机科学的“石器时代”

最早的计算机体积庞大，能占据整个房间，质量以吨计，其电缆有数千米长。这张照片拍摄于 1946 年，展示了宾夕法尼亚大学为美国军方研发的计算机 ENIAC（埃尼阿克），它的质量达 27 吨。

世纪见证人

斯蒂芬·沃兹尼亚克

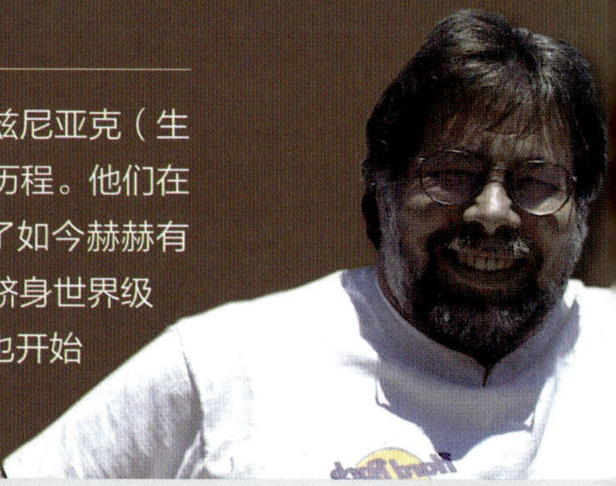

1976 年，出生于美国加利福尼亚州的电子工程师斯蒂芬·沃兹尼亚克（生于 1950 年）与他高中时代的朋友史蒂夫·乔布斯开启了创业历程。他们在乔布斯父亲的车库中创造了计算机发展史上的奇迹——成立了如今赫赫有名的“苹果”公司并推出了 Apple I 型计算机。这为他们后来跻身世界级富豪奠定了基础，苹果 Mac 计算机（麦金塔计算机）的传奇也开始于此。然而，在 1985 年，沃兹尼亚克选择正式离开苹果公司。

沃兹尼亚克认为，将仅供专家使用的复杂的大型机器变成人人皆可使用的小型机器，对他而言始终具有特别的吸引力。他最喜欢的一句话是：“永远不要相信一台不能从窗口丢出去的计算机。”因此，他在乔布斯家的车库里亲自制作带有 MOS 处理器和大约 30 块芯片的预组装主板这一点也就不足为奇了。几百台手工制造的附有苹果标志的 Apple I 型计算机，基本上是专门为计算机爱好者准备的。买家必须自行增设机箱、电源、键盘和屏幕，才能看到这台计算机运行的结果。1977 年，沃兹尼亚克设计了 Apple II 型计算机，这款面向大众的完整产品是苹果公司的瑰宝。沃兹尼亚克说：“苹果公司的文化之所以形成，是因为它背后的技术远远优于其他公司。我们拥有第一批以低成本制造的计算机，它们具有图形、颜色、声音和编程语言。我们的愿景是设计出为个人服务而不是为公司服务的计算机。我们期望，人们可以在家里使用计算机，做一些像写信一样简单的事情。”

1976—1981 年，沃兹尼亚克与乔布斯的公司拥有整个计算机领域三分之一的业务，改变了计算机世界。但是，苹果公司认为自己的操作系统是最好的，不想把它与其他计算机制造商分享，因此遭到了孤立。苹果计算机最终成为市场上最昂贵的计算机。沃兹尼亚克承认了自己的错误：“我们太天真了，以为最好的技术总是赢家。”1981 年，他们首次应用了鼠标。1984 年 1 月，苹果公司发布了首款 Mac 计算机。同年 4 月，Apple II 系列的第一个便携式型号 Apple IIc 型个人计算机也上市销售。富有远见的沃兹尼亚克此时已决定离场。在 2014 年的一场拍卖活动中，一台罕见的 Apple I 型计算机被拍出了 905 000 美元的天价。

“苹果公司的文化之所以形成，是因为它背后的技术远远优于其他公司。我们拥有第一批以低成本制造的计算机……”

上图 Apple IIc 型计算机是苹果公司尝试开发的首款便携式计算机。

电子游戏的入侵

很少有行业经历过像电子游戏行业这样眼花缭乱的演变。20 世纪六七十年代出现的早期电子游戏，还只是少数人通过独家技术才能接触到的娱乐方式，其后短短几年，电子游戏已经成为一个充满技术创新的行业，该行业的消费水平和规模也几乎可以比肩电影行业或音乐行业。如今，电子游戏已经成为全世界数百万人日常生活的一部分，脱离电子游戏去理解 20 世纪的休闲和娱乐是不可能的。

街机时代

20 世纪 70 年代中期到 80 年代末，街机（一种放在公共娱乐场所的大型电子游戏机）大获成功。1981 年，仅美国市场，街机就为电子游戏行业带来了 50 亿美元的收入，而世界范围内，街机所带来的收入则超过了 350 亿美元。1982 年，街机的经济效益成功超越了流行音乐行业和电影行业。直到 20 世纪 80 年代末，由于家用游戏机和电脑游戏的兴起，街机的热度才开始消退。

左图 两个孩子在美国的一个游戏厅里打游戏，摄于 1990 年。

经典游戏

1999 年，美国市场售出了超过 1.83 亿套电子游戏。这些电子游戏中有很多已经成为名副其实的流行文化标志。

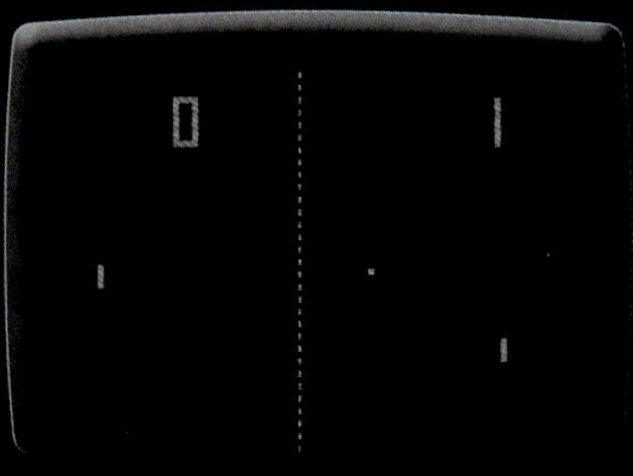

▲《乒乓》，1972 年。雅达利公司发行的《乒乓》是世界上第一款实现了大流行的电子游戏。

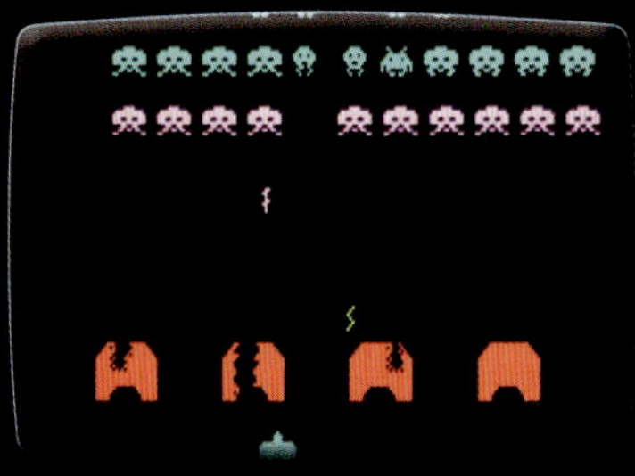

▲《太空入侵者》，1978 年。这款游戏的问世掀起了一场席卷世界各地的风暴，甚至在日本导致了日元硬币的短缺。

家用游戏机王朝

家用游戏机问世后只用了短短 10 年就产生了 20 亿美元的销售额。家用游戏机行业经历了一场快速的技术演变——从仅供玩家在荧光屏上实现三种动作的第一台家用游戏主机奥德赛（Odyssey），到可实现复杂操作的 PS 游戏机（PlayStation），只过了 22 年。家用游戏机技术的获取也变得越来越容易，这促成了电子游戏的蓬勃发展并实现了其在全球范围的普及。

▲ 1977 年发行的现代家用游戏主机——雅达利 2600，是电子游戏行业中最成功、寿命最长的产品之一。

▼ 1989 年，Gameboy 便携式游戏机上市发售，随后成为第一款大获成功的掌上游戏机。

▲ 1994 年，日本索尼公司推出了 PS 游戏机，开创性地在家用游戏主机上使用只读存储光盘（CD-ROM），其销量已经超过了 1 亿台。

▲《吃豆人》，1980 年。围绕这款游戏，各式各样的周边产品层出不穷，这也是第一款吸引了大批女性玩家的电子游戏。

▲《俄罗斯方块》，1984 年。在许多人心目中，这款诞生于苏联的游戏是史上最优秀的电子游戏，它创造了多项吉尼斯世界纪录。

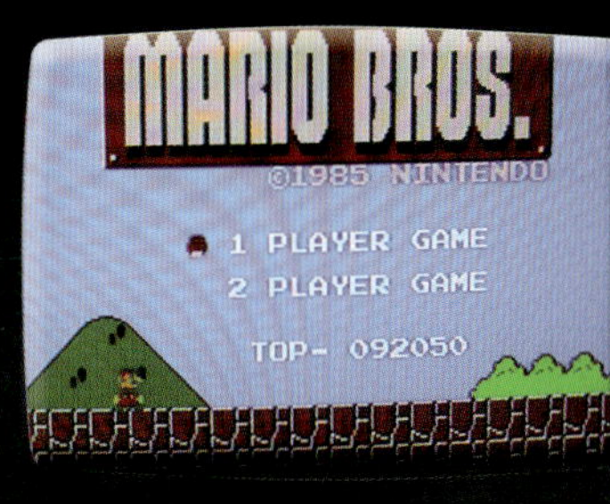

▲《超级马里奥兄弟》，1985 年。这绝对是一款现象级的游戏，截至 1999 年，这款游戏已经售出超过 4 000 万套。

让音乐人人可及

20 世纪是一个音乐走向平民化的世纪，而在其中发挥了至关重要作用的正是科学。记录与再现音乐的方式不断演化升级，音乐变得越来越平价，也越来越流行。因此，除了那些极度贫困的地区，音乐制品的消费几乎覆盖了所有人群。纵观 20 世纪，音乐播放器的尺寸显著缩小，质量也明显减轻——起初只有笨重的留声机，后期发展出了质量非常轻的数字音乐播放器，其结果就是，音乐消费成了一种大规模、个性化且无处不在的消费形式。

模拟时代

人类录制音乐的第一个阶段是在物理表面上记录声音。无论是筒式留声机、唱片留声机还是电唱机，都有一根金属针，用来读取刻录在记录介质上的轨迹，从而放出其中储存的声音。

唱片留声机

诞生时间：1887 年

唱片留声机的记录介质是一个扁平的圆盘，读取刻录轨迹的方式也变成了水平式读取。

筒式留声机

诞生时间：1877 年

筒式留声机用一根探针来读取刻录在垂直转动的圆柱体上的轨迹，机器由发条驱动。

电唱机

诞生时间：1925 年

电唱机是一种在由电力驱动旋转的平台上播放黑胶唱片的音乐播放器。它也是在 20 世纪下半叶首个成为大众消费品的音乐播放器。

盒式磁带录音机

诞生时间：1963 年

盒式磁带录音机是一种使用盒式磁带进行录音和重放的设备，盒式磁带比黑胶唱片更便宜、更轻便。盒式磁带录音机是首个家用音乐录制系统。

Walkman 随身听

诞生时间：1979 年

随身听的巨大贡献在于，它有史以来第一次让人们实现了音乐的“随身携带与收听”。这款早期的随身听可以播放盒式磁带。

磁的形式来录制声音，但采用光学技术来播放声音。

Discman（CD 随身听）

诞生时间：1984 年

CD 随身听是便携式的 CD 播放器，但由于在尺寸和重量上都无法与 MP3 播放器抗衡，故其商业寿命相当之短。

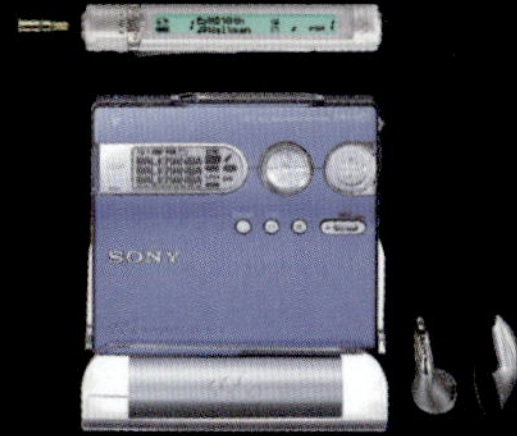

MP3 播放器

诞生时间：1998 年

进入计算机时代后，MP3 格式的数字音乐文件应运而生。这种格式便于在互联网上实现音乐的发送和共享，逐渐成为一种标准格式。最轻的 MP3 播放器只有区区十几克。

iPod（苹果播放器）

诞生时间：2001 年

iPod 是由苹果公司开发的一种配合应用程序 iTunes 使用的设备。随着 iPod 的问世，音乐迈进了 21 世纪。这种设备可以播放不同压缩格式的音频、视频、图像和文本。

广播电台

20 世纪 20 年代，第一批广播电台开始在美国投入运营。在随后的几十年间，电台广播成为把音乐送进千家万户的最有效方式。

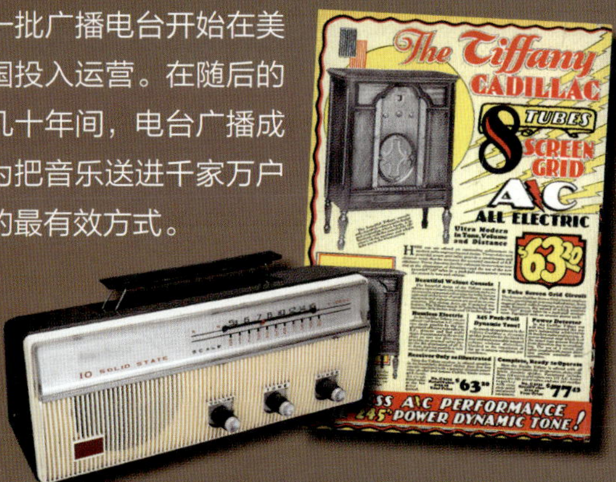

自动点唱机

自动点唱机可以根据人们的选择播放黑胶唱片上的歌曲。20 世纪 30 年代，随着这种设备的问世，“点歌”的概念首次出现在公共场所。

微软帝国

20 世纪 80 年代，计算机在美国成为信息管理的工具。从那时起一直到被指控涉嫌垄断之前，个人计算机软件市场完全在微软公司的掌控之中，来自世界各地的数以百万计的用户通过 Windows 操作系统使用计算机。比尔・盖茨创立的这家公司从发布 Windows 操作系统开始，便主要致力于提供软件服务，其普及率最高的产品就是 Windows 操作系统和 Microsoft Office 系列办公软件。

比尔 · 盖茨

得益于 Windows 操作系统，比尔·盖茨曾蝉联世界首富。随着个人财富的不断增加，盖茨也越来越多地以慈善家的身份参与社会活动。2000 年，他与梅琳达共同创立了比尔及梅琳达 · 盖茨基金会，并将大部分时间投入基金会的运营中。

保罗 · 艾伦

1975 年 4 月 4 日，美国企业家保罗·艾伦(1953—2018)与比尔·盖茨一起创立了微软公司。虽然后来保罗 · 艾伦离开了微软，但他仍然保留了大股东的身份，并作为投资者继续在硅谷叱咤风云。

1999 年

世界上 94.39% 的计算机上运行的都是 Windows 操作系统。

Windows 的主要版本

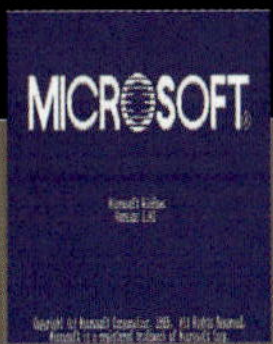

Windows 1.0 和 2.0

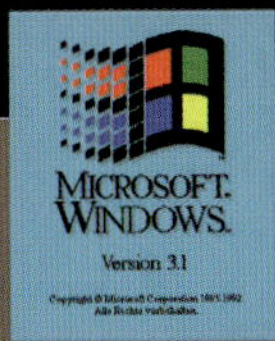

Windows 3.0 和 3.1

Windows 95、98、2000 和 Millennium Edition（千禧年版）

Windows NT 3.1

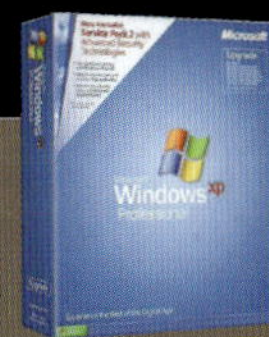

Windows XP

Windows Vista

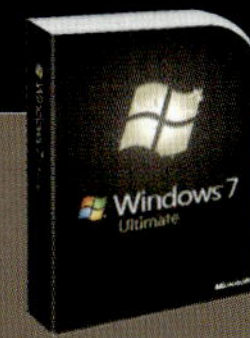

Windows 7

MS-DOS 系统

MS-DOS 系统（微软磁盘操作系统）是 Windows 系列软件产品的前身，是微软公司受美国国际商业机器公司的委托，于 1981 年正式发布的系统。它是在收购来的几个已成型系统的基础上开发完成的。

Microsoft Office

1989 年，微软推出了第一版 Microsoft Office，其中包含了 Word、Excel 和 Powerpoint 三款应用程序。

Internet Explorer

1995 年，微软发布了 Internet Explorer（IE 浏览器），并默认将其包含在 Windows 操作系统中。这项操作后来导致欧盟委员会指控微软涉嫌垄断，迫使它提供更多的浏览器供用户选择。

微软公司和苹果公司

苹果公司一直是微软公司在家用计算机领域的强大竞争对手，右侧这张图展示了两家公司十几年间的净收入。

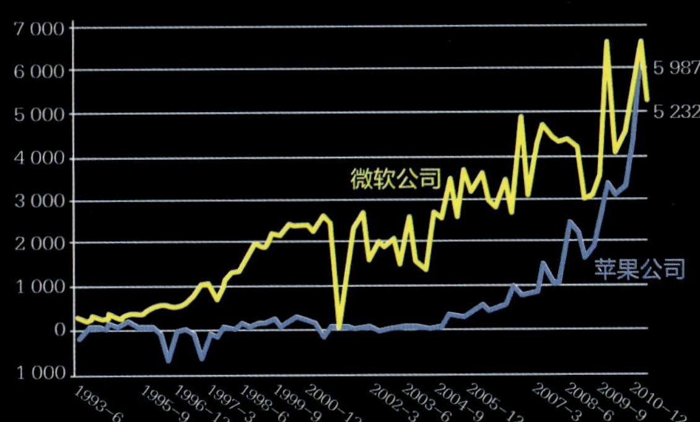

单位：百万美元

经典科学书目

斯蒂芬·霍金

《时间简史》，1988 年

这部关于宇宙学的图书是 20 世纪最受欢迎的科普著作之一。霍金在书中回顾了历史上主要的宇宙学理论，并尝试对下述经典问题做出解答：时间是什么？时间有没有起点？时间有没有尽头？宇宙是无限的吗？这部著作已经售出了几千万册。

由于罹患肌萎缩侧索硬化，霍金逐渐丧失了行动能力，这使得这本著作显得更加难能可贵。他的主要研究领域为宇宙论和黑洞，他证明了广义相对论的奇性定理和黑洞面积定理，并提出了黑洞蒸发理论和无边界宇宙模型。

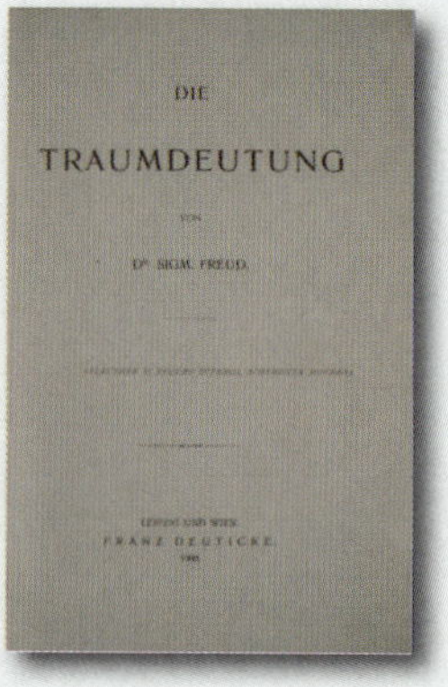

西格蒙德·弗洛伊德

《梦的解析》，1900 年

在这部作品中，弗洛伊德阐述了他用以解释梦境的心理学理论。这位奥地利神经学家认为，对梦境进行分析能提高我们对潜意识的认知水平。

托马斯·库恩

《科学革命的结构》，1962 年

这本书对科学史和科学哲学进行了全面阐述，是 20 世纪最具影响力的科学著作之一。书中，库恩在科学理论与孕育这些理论的社会环境和知识背景之间建立了联系。

詹姆斯·洛夫洛克

《盖娅：地球生命的新视野》，1979 年

在这本书中，英国大气学家、生态学家詹姆斯·洛夫洛克提出了“盖娅假说”。根据这一假说，大气和地球表面是一个可以对生命状态进行自我调节的系统。因此，这是一个将地球视为一个巨大生命体的构想。

艾萨克 · 阿西莫夫

《宇宙：从天圆地方到类星体》，1966 年

在艾萨克 · 阿西莫夫车载斗量的著作中，此书属于科普领域。这是一部关于宇宙的综述性著作，既包含了科学上的确定性研究，也讲述了科学界是通过何种方式得到这些确定性的。

卡尔 · 波普尔

《科学发现的逻辑》，1934 年

这是波普尔作为科学哲学家最经典也最重要的一部作品。在这本书中，波普尔对科学的根本概念进行了分析。通过这种方式，他尝试界定了哪些理论应归为科学领域，而哪些理论应属于形而上学的范畴。

罗杰 · 彭罗斯

《皇帝新脑》，1989 年

书中围绕量子力学、相对论、哥德尔不完全性定理、大脑的工作原理等主题展开了精彩的阐释。不过，彭罗斯要表达的中心思想是对人工智能可以比肩甚至超越人类智慧的观点表示质疑。

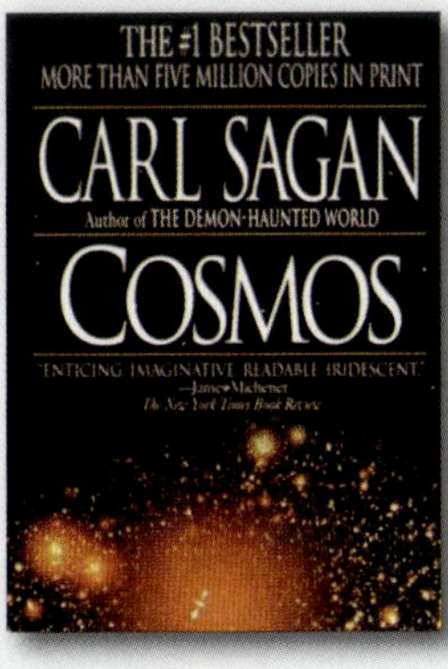

卡尔 · 萨根

《宇宙》，1980 年

《宇宙》是根据同名的系列电视片的内容编写的一部科普著作，全书共 13 个章节，讲述了宇宙的前世今生和科学的未来。卡尔 · 萨根是 20 世纪最重要的科普作家之一，为了做好科普事业，他争取了不少的媒体支持。

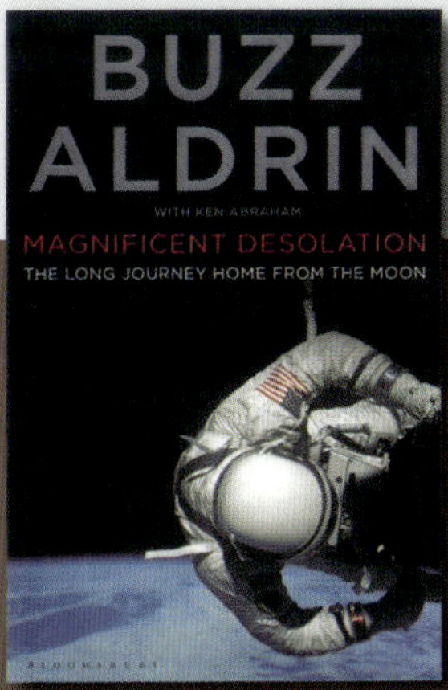

巴兹 · 奥尔德林

《壮丽的荒凉：从月球回家的漫长旅程》，2009 年

奥尔德林用“壮丽的荒凉”来描述他 1969 年踏上月球时看到的情景，这个词组也是他回忆录的书名。奥尔德林是讲述登月经历最多的航天员。在这本书中，他详细描绘了自己迈出登月舱、踏足月球时所见的景象，并透露了阿波罗 11 号任务几度濒临失败的幕后细节。

经典科幻电影

《银翼杀手》，1982 年

导演：雷德利 · 斯科特

这部电影在科幻电影史上地位极高，它在 20 世纪 80 年代开创了“赛博朋克”的美学风格。《银翼杀手》改编自菲利普 · 迪克的小说《仿生人会梦见电子羊吗？》，成功预言了由于人类操控基因而引发的伦理争议。故事这样展开：2019 年，在洛杉矶这个颓败的都市里，一群由人类制造的仿生人因不甘于受人类剥削而反叛，银翼杀手军团必须消灭这些复制人……

《2001 太空漫游》，1968 年

导演：斯坦利 · 库布里克

这部电影改编自阿瑟 · 查尔斯 · 克拉克的小说《哨兵》。它之所以成为那个时代的标志性作品，除了片中运用的优质特效，还因为这部电影对人类进化、人工智能等经典科幻主题进行了深层处理。这部电影是同类型电影中的杰作。

《阿波罗 13 号》，1995 年

导演：罗恩 · 霍华德

这部电影从一次因爆炸而被迫放弃的探月航行任务展开，讲述了一个根据真实事件改编的航天故事。片中展示了不少科学知识，并用丰富的细节再现了著名的阿波罗 13 号任务，这次载人航天任务虽然没能实现原定目标，却成功地挽救了几位航天员的生命。

《电子世界争霸战》，1982 年

导演：史蒂文 · 利斯伯吉尔

虽然相比于高昂的拍摄成本，《电子世界争霸战》在上映时的票房成绩不算理想，但却成为虚拟现实和电子游戏的先驱。这部电影还开创了用计算机制作电影动画的先河。剧中讲述了一名程序员（主人公）被吸进虚拟世界并努力战斗以回到现实世界的故事。

《冲出人魔岛》，1977 年

导演：唐 · 泰勒

影片讲述的故事改编自出色且前卫的作家赫伯特 · 乔治 · 威尔斯的小说《莫洛博士的岛》。故事发生在一座孤岛上，一位博士进行着一系列离经叛道的实验，不断通过动物实验制造兽人……

《变种异煞》，1997 年

导演：安德鲁 · 尼科尔

《变种异煞》是电影史上关于遗传学最著名的案例之一。它关注了通过自然孕育和经由基因选择出生的人之间的对立问题。主人公文森特 · 弗里曼是通过传统的自然分娩出生的，在他的世界中被视同“病人”，他不甘心在面对那些经过基因工程加工的人时低人一等……

纪录片

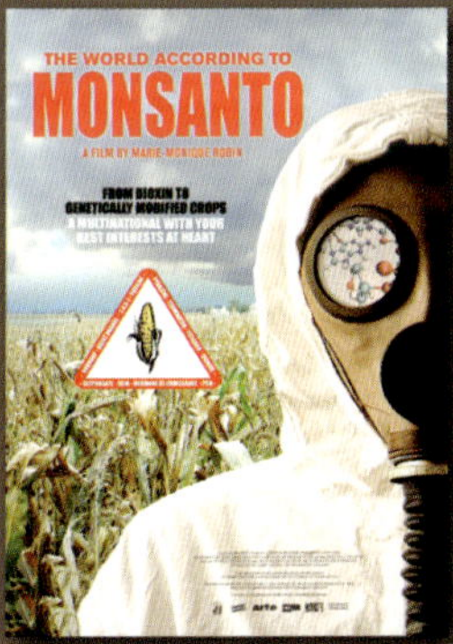

《孟山都公司眼中的世界》，2008 年

导演：玛丽－莫妮克 · 罗班

这部纪录片的矛头直指最重要的转基因生物（遗传修饰生物体）生产商——孟山都公司。法国女记者玛丽－莫妮克 · 罗班以纪录片的形式向我们展示，这家总部设在美国的公司应该对一系列有争议的决策及其导致的后果负责任：数百万农民欠下了公司的债务，为了推广转基因品种导致传统品种消失，垄断行为以及有预谋地放出虚假信息。

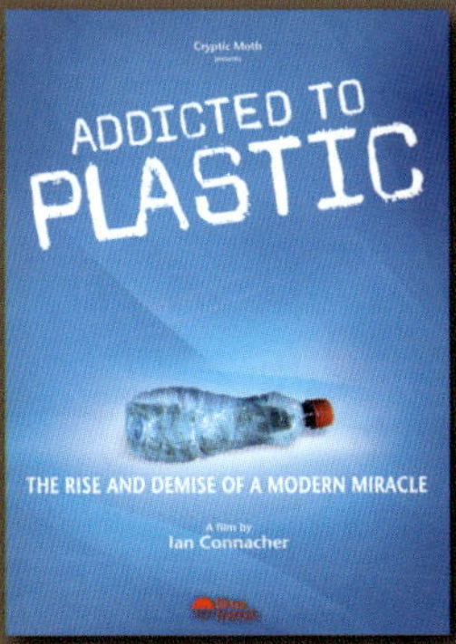

《塑料成瘾》，2009 年

导演：伊恩 · 康纳赫

这部纪录片检视了现代社会与塑料之间的关系。它的核心是研究塑料这种石油衍生物造成的污染和关于塑料回收利用的虚假信息。《塑料成瘾》并没有停留在悲观的控诉层面，它提出了一些建议和解决方案，比如使用基于天然原料的可生物降解塑料。

HISTORIA DEL

SIGLO XX

El siglo de la ciencia

History of XX Century – The Century of Science

Based on an original Idea of Joan Ricart
Editorial Coordination Nuria Cicero, Marta de la Serna
Design Lisa Brande, Paola Fornasaro
Edition Eduard Moreno, Xavier Valls
Graphic Edition Mar Valls, Zaida Pou
Photograhic Production Alberto Hernández
Layout Paola Fornasaro, Àngels Rambla i Vidal
Computer Graphics Sol90 Infographics www.infographics90.com
Proofreading Antonia Dueñas
Contents Advisor Paola Lo Cascio
Translation and Editing of Stephen Hawking's article TIME magazine Alberto Clavería
Production Alicia Soria

Images: Getty Images; Cordon Press; Ullstein / Cordon Press; TopFoto / Cordon Press; Roger Viollet / Cordon Press; Granger / Cordon Press; Everett / Cordon Press; Alinari / Cordon Press; Corbis / Cordon Press; Image Forum / Contacto; Gamma Rapho / Contacto; Focus / Contacto; © Panos Picture / Contacto; Album; ACI; AGE Fotostock; Scienciephoto Library; © Gtres / AP Photo; © NASA; ©Harold & Esther Edgerton Foundation, 2011, courtesy of Palm Press, Inc. (p.53); NOAA Marine Debris Program (p.69); © Burt Glinn/ Magnum Photos / Contacto (p.80); © Erich Hartmann / Magnum Photos / Contacto (p.98-99)
TIME Covers: by permission granted by Time Inc. used under license (p.14,38,58,74,92).